Udo Engbring-Romang

Hanau. Auschwitz.
Zur Verfolgung der Sinti
in Hanau und Umgebung

D1673367

Auschwitz ist zum Synonym für das nationalsozialistische Vernichtungssystem geworden und steht damit auch für den Genozid an den Sinti und Roma. Die rassistische Verfolgung im NS-Staat begann aber nicht erst mit der Deportation in den Osten, sondern schon an den Wohnorten im Deutschen Reich.

Udo Engbring-Romang beschreibt den Weg von der Diskriminierung bis zum Völkermord. Dabei beschränkt er sich nicht auf die Wiedergabe der Aussagen der Täter, sondern stellt auch für die Zeit nach 1933 die Perspektive der Opfer dar.

Am 23. März 1943 wurden nach vorher erstellten Listen die meisten der in Hanau und Umgebung lebenden Sinti verhaftet und in das Tötungslager Auschwitz deportiert. Die wenigen, die zurück blieben, wurden sterilisiert. Ziel der Nationalsozialisten war es, die Sinti und Roma als »Rasse« zu vernichten.

Wie die Verfolgung der Sinti in Hanau und Umgebung vorbereitet und durchgeführt wurde, untersucht diese Dokumentation, die auch auf die Diskriminierungspraxis vor 1933, die Enteignung und auf die lange Zeit verweigerte Anerkennung der Verfolgung nach 1945 eingeht.

Udo Engbring-Romang, geboren 1955, lebt in Marburg. Freiberuflicher Historiker und Dipl.-Politologe, Dozent in der Erwachsenenbildung. Forscht und publiziert seit 1995 zur Verfolgung der Sinti und Roma und zum Antiziganismus, u.a. *Marburg. Auschwitz. Zur Verfolgung der Sinti in Marburg und Umgebung* (1998), *Bad Hersfeld. Auschwitz, Zur Verfolgung der Sinti im Kreis Hersfeld Rotenburg* (2002) und *Die Verfolgung der Sinti und Roma in Hessen zwischen 1870 und 1950* (2001). Mitgründer und Vorstandsmitglied der »Gesellschaft für Antiziganismusforschung e.V.«.

Udo Engbring-Romang

Hanau. Auschwitz.

Zur Verfolgung der Sinti
in Hanau und Umgebung

Herausgegeben von Adam Strauß,
Verband Deutscher Sinti und Roma,
Landesverband Hessen

»Hornhaut auf der Seele«
Dokumentationen der Verfolgung
von Sinti und Roma
in hessischen Städten und Gemeinden

Band 7

Brandes & Apsel

Hier war es am schlimmsten.
Beim Verlassen der Baracke sah ich einen Holzverschlag,
darin einen ganzen Berg von Leichen.
Zwischen den Leichen liefen die Ratten herum.
Ich habe eine Hornhaut auf der Seele bekommen.
Diesen Anblick werde ich nie vergessen.

Hermann Langbein
(Ehemaliger KZ-Häftling und Generalsekretär des Internationalen
Auschwitz-Komitees über das »Zigeunerlager« in Auschwitz-Birkenau)

1. Auflage 2002
© Brandes & Apsel Verlag GmbH, Frankfurt am Main
Alle Rechte vorbehalten, insbesondere das Recht der Vervielfältigung und Verbrei-
tung sowie der Übersetzung, Mikroverfilmung, Einspeicherung und Verarbeitung in
elektronischen oder optischen Systemen, der öffentlichen Wiedergabe durch Hör-
funk-, Fernsehsendungen und Multimedia sowie der Bereithaltung in einer Online-
Datenbank oder im Internet zur Nutzung durch Dritte.
Lektorat: Volkhard Brandes, Frankfurt am Main
DTP: Wolfgang Gröne, Groß-Zimmern
Druck und Verarbeitung: Difo-Druck GmbH, Bamberg, Printed in Germany
Gedruckt auf säurefreiem, alterungsbeständigem und chlorfrei
gebleichtem Papier.

Bibliografische Information Der Deutschen Bibliothek:
Die Deutsche Bibliothek verzeichnet diese Publikation in der
Deutschen Nationalbibliografie; detaillierte bibliografische
Daten sind im Internet über http://dnb.ddb.de abrufbar

ISBN 3-86099-754-8

Auf Wunsch informieren wir regelmäßig über das Verlagsprogramm:
Brandes & Apsel Verlag, Scheidswaldstr. 33, D-60385 Frankfurt am Main
E-Mail: brandes-apsel@t-online.de, Internet: www.brandes-apsel-verlag.de

Inhalt

Adam Strauß
Vorwort

Im Mai 1995 hat der hessische Landesverband des Verbandes Deutscher Sinti und Roma den ersten Band seiner Veröffentlichungsreihe »Hornhaut auf der Seele« herausgegeben, die sich vor allem mit dem Völkermord an Sinti und Roma in hessischen Städten und Gemeinden beschäftigt. Jahrzehntelang wurde der Völkermord, die Ermordung von über 500 000 Sinti und Roma während der nationalsozialistischen Herrschaft aus dem öffentlichen Bewusstsein eliminiert bzw. verdrängt. Was nach dem Ende der Gewaltherrschaft an historischer Aufarbeitung geleistet wurde, kann unter dem Begriff Ausgrenzung und Diskriminierung zusammengefasst werden.

Um diese Struktur durchbrechen zu können, haben sich die Verbände der Sinti und Roma die Aufgabe gestellt, die Würde der Ermordeten wiederherzustellen. Der Menschlichkeit und historischen Verantwortung für das Geschehene wurde die Bundesrepublik Deutschland erstmals 1982 dadurch gerecht, dass der damalige Bundeskanzler Helmut Schmidt den Völkermord an Sinti und Roma offiziell anerkannte.

Vernichtungswille und Rassenideologie waren Voraussetzung für den Völkermord an Sinti und Roma, und am 16. März 1997, anlässlich der Einweihung des Dokumentations- und Kulturzentrums Deutscher Sinti und Roma in Heidelberg, sagte der damalige Bundespräsident Roman Herzog: »Der Völkermord an den Sinti und Roma ist aus dem gleichen Motiv des Rassenwahns, mit dem gleichen Vorsatz, mit dem gleichen Willen zur planmäßigen und endgültigen Vernichtung durchgeführt worden wie der an den Juden.«

Umso befremdlicher wirkt nun, wenn renommierte Historiker des Holocaust zwar nicht die Massenermordung von Sinti und Roma leugnen, wohl aber den bewussten Völkermord. Im SPIEGEL vom Mai 2001 betonte zum Beispiel YEHUDA BAUER noch einmal die Einmaligkeit des Holocaust an den Juden. Gleichzeitig stellte er die Vernichtungsstrategie der Nationalsozialisten gegen die Sinti und Roma in Frage.

Die hessischen Lokaldokumentationen und nicht zuletzt die von uns herausgegebene umfangreiche Studie »Verfolgung der Sinti und Roma in Hessen zwischen 1870 und 1950« beweisen aber das Gegenteil: Es gab den zentral gelenkten Plan zur Vernichtung der Sinti und Roma.

Die immer wieder notwendige Aufarbeitung des Völkermordes an Sinti und Roma führte auch zu wissenschaftlichen Untersuchungen und Dokumentationen wie das vorliegende Buch »Hanau. Auschwitz«. Fast 60 Jahre nach der Deportation der deutschen Sinti und Roma in das Vernichtungslager Auschwitz können die Bürger der Stadt Hanau und des Altkreises Hanau nun nachlesen, was wirklich in ihrer Stadt oder Gemeinde geschehen ist, wie die Funktionsträger und die Verwaltungen im Sinne der Nationalsozialisten mit deren Vernichtungswillen handelten.

Viele Personen und Institutionen haben das Projekt »Hanau. Auschwitz« unterstützt. Mein Dank gilt vor allem der Stadt Hanau, die das Projekt inhaltlich stützte und finanzierte.

Einleitung

Am 23. März 1943 wurden in Hanau und Umgebung – wie auch in anderen Kreisen des Regierungsbezirkes Kassel – Sinti und Roma verhaftet, an einem Ort zusammengebracht, anhand der zuvor in Berlin erstellten Listen überprüft und dann mit der Reichsbahn in das Tötungslager Auschwitz deportiert. Damit war auch in Hanau das vollzogen worden, was die »Volkstumspolitik« der Nationalsozialisten gefordert hatte:

Deutschland von Juden und »Zigeunern« zu »befreien«.

Im Klartext hieß das, diese Bevölkerungsgruppen aus Deutschland zu vertreiben beziehungsweise später im deutschen Machtbereich zu ermorden.

Die industrielle Tötung der als »rassisch minderwertig« betrachteten Menschen fand ab 1941 im »Osten« des Reiches statt. Auschwitz wurde zum Synonym für den rassistischen Völkermord an den Juden und Sinti und Roma.

An die Deportation nach Auschwitz der bis zum 23. März 1943 in Hanau und Umgebung lebenden Sinti erinnert eine Gedenktafel am Rathaus, die 1999 hier angebracht wurde. Vorher gab es keine Erinnerungszeichen an die Verfolgung der Sinti und Roma.[1]

An diese Deportation, aber auch an ihre Vorgeschichte, will auch die vorliegende Dokumentation erinnern, damit diese Verfolgungsgeschichte nicht in unserer schnelllebigen Zeit vergessen wird. Der siebente Band der Reihe »HORNHAUT AUF DER SEELE« setzt die Dokumentationen zur Verfolgung der Sinti und Roma in hessischen Städten und Kreisen fort.[2]

Die Erinnerung an die Verfolgung der Sinti und Roma und an den Völkermord ist immer noch sehr viel schwieriger zu wecken und aufzubauen,

9

- weil der Völkermord erst seit 1979/80 wissenschaftlich stärker aufgearbeitet worden ist,

- weil Vorurteile und Ressentiments gegen Sinti und Roma auch den Überlebenden des Völkermordes entgegengebracht wurden und werden,

- weil lange Zeit in Arbeiten von sogenannten »Zigeunerexperten« der Verfolgung eine gewisse Berechtigung nicht abgesprochen wurde.

Gerade aber diesen Vorurteilen und dem Vergessen des Völkermordes entgegenzuarbeiten, sind Ziele der vorliegenden Dokumentation.

Quellenlage

Es ist eine banale Aussage, aber sie kann nicht oft genug wiederholt werden: Historische Arbeiten und Dokumentationen leben von ihren Quellen, deren Überlieferung und Auswertung. Soll die Geschichte einer staatlich durchgeführten Verfolgung geschrieben werden, stehen somit vor allem Akten der beteiligten Behörden im Mittelpunkt des Interesses. Das sind die Gesetze, Anordnungen, Verfügungen und Berichte, Aktennotizen und Protokolle, in denen über die Betroffenen geschrieben wird. Es sind die Texte der Verfolger, der Täter und der Ausführungsbeteiligten. Die Quellen sind in diesem Kontext erst einmal einseitig. Entsprechend ist die Sprache der Gesetze und Berichte, um zwei Quellenarten zu nennen, die der Täter. GÖTZ ALY nennt dies in seinem Buch über die sogenannte »Endlösung« eine im Grunde »schwer erträgliche Zumutung«, denn die »Leserinnen und Leser müssen sich auf die Täter einlassen – auf deren Logik, Denken, Kalkulieren und Handeln.«[3] Aber nicht nur er hält diese Herangehensweise für notwendig, um die historischen Prozesse nachvollziehbar zu machen, die zum Völkermord führten.

Das führt auch immer wieder zu Schwierigkeiten in der Darstellung: Wurden die Sinti aus Hanau zum Beispiel »evakuiert«, das heißt aus einer Gefahrenzone in Sicherheit gebracht? Sicher nicht, denn sie wurden deportiert. Somit gilt: die Sprache der Täter ist nicht eindeutig, sondern oft verschleiernd. Quellen sprechen somit nicht für sich und müssen deswegen für die Leserinnen und Leser »übersetzt« werden.

Nichts oder wenig würde man aber so über die Opfer erfahren, wenn man ausschließlich die Täterseite zu Worte kommen lassen würde. Eine Dokumentation über die Verfolgung der Sinti und Roma wäre unvollständig, wenn nicht gleichzeitig immer wieder versucht würde, das Verfolgungsschicksal in die Darstellung aus der Sicht der Opfer mit in die Darstellung einzubringen.

An dieser Stelle ist eine Begriffserklärung notwendig: Der Begriff »Zigeuner« wird in dieser Arbeit immer nur Kontext bezogen benutzt.

Wenn es um die Minderheit geht, heißt es immer Sinti und Roma. Der Begriff »Zigeuner« wird ausschließlich zur Verdeutlichung der Diskriminierungspolitik in den vergangenen Jahrhunderten, in denen das Bild vom »Zigeuner«, das nur wenig mit den realen Sinti und Roma zu tun hat, gemeint ist, verwandt. Da in Hanau und Umgebung ausschließlich Sinti lebten, wird im Text auch nur von Sinti gesprochen, es sei denn dass die gesamte Gruppe der Sinti und Roma gemeint wäre.

Eine besondere Schwierigkeit ergab sich für die Darstellung der Geschichte der Verfolgung der Sinti in der Stadt Hanau. Die Aktenlage im Stadtarchiv ist sehr schlecht. Etwa 70 Prozent der Akten der städtischen Registratur wurden bei den Bombenangriffen 1945 zerstört. Dem ist sicher auch geschuldet, dass GERHARD FLÄMIG in seiner sehr umfangreichen Dokumentation über den Nationalsozialismus in Hanau, die rund 1000 Seiten umfasst, der Verfolgung der Sinti und Roma nur wenige Zeilen widmet.[4]

Informationen über die Diskriminierung von Sinti und Roma enden in den amtlichen Überlieferungen zumeist in den 1920er Jahren, so dass vielfach auf Ersatz- oder Parallelüberlieferungen zurückgegriffen werden musste. Das sind vor allem die Vorgänge aus benachbarten Kreisen des Regierungsbezirks Kassel bzw. der preußischen Provinz Hessen-Nassau, wenn man voraussetzen kann, dass hier vom Regierungspräsidenten oder Oberpräsidenten die Anweisung kam. Da mittlerweile die Verfolgung in einer ganzen Reihe von Städten und Kreisen dokumentiert und auch ein erster Überblick über Hessen fertiggestellt ist, lassen sich so manche Lücken schließen. Bestände im Hauptstaatsarchiv Wiesbaden und auch etwa beim Landesarchiv Berlin machen es aber doch möglich, konkrete Verfolgungsvorgänge in Hanau selbst zu rekonstruieren.

Andererseits ist der Autor gezwungen, niemals den Gesamtzusammenhang der Verfolgung aus den Augen zu verlieren, denn die Diskriminierungen und Verfolgungen wurden zwar in Hanau umgesetzt, nicht aber hier in Gang gesetzt, sondern dies geschah während der Zeit des Nationalsozialismus in Berlin.

Diskriminierungen und Verfolgungen vor 1933

Eine Dokumentation über die Verfolgungen der Sinti und Roma lässt sich nicht auf die Zeit von 1933 bis 1945 beschränken, und sie lässt sich ebenso nicht auf die Stadt Hanau und den Altkreis Hanau begrenzen.

Die Geschichte der Diskriminierung und Verfolgung der Sinti und Roma in Deutschland dauert fast 600 Jahre an. Nachweislich wurden die ersten Sinti zu Beginn des 15. Jahrhunderts registriert.[5] In der 1605 verfassten »hessischen Chronik« von Wilhelm Schäffer, genannt Dilich, wird das Jahr 1414 für das Einwandern nach Hessen genannt, was allerdings nicht stimmen muss, denn die Nachricht wurde erst rund 200 Jahre später veröffentlicht.[6] Zumeist wird das Jahr 1407 für die Ankunft von etwa 300 Menschen aus dem »Osten« – wie wir heute wissen aus Nordwestindien – in Norddeutschland genannt.[7] Quellenmäßig sind Sinti in Hessen seit 1418 mit ihrem Erscheinen in Frankfurt am Main erfasst.[8]

Ob die ersten Sinti-Gruppen zunächst neugierig freundlich betrachtet oder ob sie nur geduldet wurden, wissen wir nicht. Nachweisbar ist aber, dass sie gegen Ende des 15. Jahrhunderts, in der Zeit der allgemeinen Sinn- und Wertekrise des ausgehenden europäischen Mittelalters, wie die andere schon länger in Deutschland lebende Minderheit der Juden diskriminiert, ausgegrenzt und zum Teil gnadenlos verfolgt wurden.

Die Reichsabschiede von 1495 und 1498 verdeutlichen den Wandel des Bildes, das nun von »Zigeunern« bei Fürsten und Städtern geprägt wurde. Die Fremden wurden zu gehassten Außenseitern gemacht. Es entstand ein Bild, das in weiten Bereichen Elemente des traditionellen Antijudaismus auf diese ethnische Minderheit übertrug und zu kollektivem Gemeingut werden ließ. »Zigeuner« wurden in einen Zusammenhang mit Spielleuten und Bettlern gebracht und nicht zuletzt wurde ihnen Spionage für die Türken unterstellt, obwohl sie wahrscheinlich gerade vor den Osmanen geflüchtet waren. Letzteres unterstreicht, dass Zuschreibungen haltlos sein können.

Was ist Antiziganismus?

Fast gleichzeitig mit der Einwanderung von Sinti nach Mitteleuropa entstand der Antiziganismus.

Antiziganismus bezeichnet im Zusammenhang der vorliegenden Arbeit eine Denkweise, die ein Bild von »Zigeunern« nutzt, das diese Menschen als »fremd«, »müßiggängerisch«, manchmal als »arbeitsscheu«, auch als »frei« kennzeichnet. Das negative »Zigeunerbild« überwiegt dabei. Der Begriff bezeichnet – wie es WILHELM SOLMS formuliert – »die feindliche Haltung der Mehrheitsgesellschaft gegenüber den von ihr sogenannten ›Zigeunern‹ [...], die von Ablehnung und Ausgrenzung, Bestrafung und Ausweisung bis zur Tötung und massenhaften Vernichtung reicht.«[9]

Das Bild oder die Bilder wurden von der Obrigkeit eingesetzt, um

♦ erstens gegen ein »unbotmäßiges« Verhalten von Menschen aus der Mehrheit,

♦ zweitens gegen eine ethnische Minderheit, der ein solches Verhalten als unveränderliche Wesensart unterstellt wird,

vorgehen zu können.

Die letzte Gruppe konnte somit als »von außen kommend« oder als »nicht zugehörig«, das heißt als »fremd«, klassifiziert werden. Den Individuen der ersten Gruppe konnte deutlich gemacht werden, was ihnen geschehen könnte, sollten sie »frei« und »müßiggängerisch«, das heißt »zigeunerähnlich«, sein wollen.

Dabei ist in der Geschichte des Antiziganismus sicher zwischen dem alten Antiziganismus, der sich gegen die offensichtlich Fremden richtete, und dem rassistisch geprägten Antiziganismus zu unterscheiden. Ersterer ist vergleichbar dem Antijudaismus, der die Religion zum Ausgangspunkt seiner Unterscheidung nahm und den Juden fast immer die Möglichkeit gab, in die christliche Gemeinschaft aufgenommen zu werden durch die Abkehr vom Judentum, durch die Taufe und durch die Übernahme der Sitten und Gebräuche der aufnehmenden Mehrheit.

14

Bei den Sinti, die im 14. und 15. Jahrhundert nach Mitteleuropa kamen, dominierte das neue Fremde – denn Juden zum Vergleich waren seit Jahrhunderten Außenständische geblieben. Die Sinti wurden von den Einheimischen oft in Aussehen, Sprache und Gebräuchen als anders wahrgenommen. Ob sie sich in dieser Weise wirklich unterschieden, ist damit nicht ausgesagt. Sie wurden aber als Gruppe oder sogar als geschlossene Gruppe angesehen.

Einer Aufnahme dieser als »Fremde« betrachteten Menschen in die ständische Gesellschaft hätte deren Offenheit bei gleichzeitiger Prosperität bedurft. Diese Bedingungen waren gerade in den Jahren des Übergangs vom Mittelalter zur Neuzeit nicht gegeben. Eher wurden immer mehr Menschen aus der Ständegesellschaft ausgegrenzt, randständig gelassen oder außerständisch gemacht, und dies bei einer gleichzeitig sich formierenden neuen Gesellschaft, die Produktivität und kapitalistische Arbeitsverhältnisse zur Grundlage hatte.

Ob sich einzelne oder mehrere Sinti den veränderten Bedingungen entzogen beziehungsweise nicht anpassten oder ob ihnen die Teilhabe am gesellschaftlichen Prozess, Teil der am Profit orientierten Arbeitsgesellschaft zu werden, ausschließlich von außen verweigert wurde, kann hier nicht diskutiert werden und wird angesichts fehlender Quellen nur schwer zu beantworten sein.[10] Aber es erscheint unwahrscheinlich, dass eine ganze Gruppe – unabhängig von den Sinti –, der durchaus einige Partikular- oder Autonomierechte gewährt worden waren, diese zugunsten einer ungesicherten, gegebenenfalls sogar rechtlich schlechteren Stellung aufgegeben hätte.

Wenn man nach der Funktion – und eben nicht nach der Lebensrealität der Sinti – fragt, wird deutlich, dass der Antiziganismus sich nicht nur gegen die als »Zigeuner« bezeichneten Menschen richtete; vielmehr wurde auch gegen Bestrebungen von Angehörigen der Mehrheitsbevölkerung, die sich den gesellschaftlichen Formierungsprozessen zu entziehen versuchten, das Bild des Zigeuners eingesetzt. Der Mehrheitsbevölkerung dienten die »Zigeuner« auch, um einen Sündenbock für gesellschaftliche Fehlentwicklungen zu haben.

Überspitzt ausgedrückt hatte die spätmittelalterliche beziehungsweise frühneuzeitliche Gesellschaft überhaupt kein Interesse, diese Minderheit zu integrieren. Es war vielmehr das Bestreben, durch Nichtintegration dieser Gruppe den größeren Teil der Mehrheitsbevölkerung zu integrieren, bis die moderne Gesellschaft formiert war.

So betrachtet wurden aus den Sinti, die aus Indien kamen, die »Zigeuner« gemacht, von denen man wenig wusste, die aber als »seltsam«, als »unchristlich«, als »gefährlich« oder als »unordentlich«, noch schlimmer als »kriminell« galten. Gleichzeitig zwang die dauernde Diskriminierung die Minderheit, durch Abgrenzung ihre Identität zu bewahren. Wie den Juden eine weitgehend selbstbestimmte Lebensweise in kultureller Hinsicht nur im Getto, nicht in der Gesellschaft, möglich war, so blieb den Sinti ihre Identität nur innerhalb der eigenen Gruppe und nicht in der Gesellschaft, von der sie nur einzelne Worte und Begriffe in ihre eigene Sprache aufnahmen.

Neben dem traditionellen Antiziganismus gibt es noch einen modernen Antiziganismus, der nicht autoritär, religiös oder emotional begründet wurde, sondern »wissenschaftlich«. In seiner zweiten Bedeutung richtete und richtet er sich gegen Sinti und Roma und beinhaltet seit seinem Aufkommen im 18. Jahrhundert immer die These von der vererbten »rassisch« bedingten Minderwertigkeit und Unverbesserlichkeit der Minderheit.[11] W. WIPPERMANN sieht dieses rassistische Element oder die »rassistische Färbung« schon vor dem rassistischen Antijudaismus entstehen und erkennt darin eine Ursache, die eine »Emanzipation der Sinti und Roma verhindert(e)«.[12] Das heißt, wer als »Zigeuner« bezeichnet wurde und Teil der Minderheit war, galt nach der Aufklärung als »unverbesserlich« hinsichtlich seiner Brauchbarkeit für die bürgerliche Gesellschaft, so dass Zwang oder Erziehung vor einer aus ihrer Sicht unlösbaren Aufgabe standen. Eine Integration der Minderheit wurde systematisch verhindert, führt WIPPERMANN aus, weil die Gruppe bzw. die über sie entworfenen Bilder als Sündenböcke bzw. als Elemente des Nichtbürgerlichen in der bürgerlichen Welt funktional eingesetzt werden konnten.

Das lässt sofort die Frage aufkommen, was mit »Zigeunern« zu geschehen hätte: Beseitigung durch Vertreibung oder Ausrottung oder doch Beseitigung durch permanenten Zwang zur Assimilierung?

16

Ein Assimilierungsversuch lässt sich zum Beispiel bei einem Teil der deutschen Juden im späten 19. Jahrhundert beobachten, eine Anpassung an die kaiserliche Gesellschaft und die Reduzierung des Judentums auf eine Konfession. Die Anpassung und Assimilierung hat aber den Antisemitismus nicht verhindern können, weil die Mehrheitsgesellschaft oder Teile der Mehrheitsgesellschaft nicht bereit waren, selbst die Form der Quasi-Selbstaufgabe zu akzeptieren.

Versuche zur »Integration« über die Zwangsassimilation der Sinti und Roma im Zeitalter und unter dem Banner der Aufklärung scheiterten zum Teil völlig. Unter anderem wurden die Familien auseinandergerissen und die Muttersprache verboten. Die Folge der Zwangsmaßnahmen, die sich überall in Mitteleuropa zeigten, war, dass die Kommunikation der Minderheit mit der Mehrheitsbevölkerung in der Regel auf ein Minimum reduziert wurde. Dies förderte – wie oben angesprochen – das Zusammengehörigkeitsgefühl der Minderheit.

Assimilation um den Preis der völligen Aufgabe der eigenen Kultur und Verbindung zu den übrigen Mitgliedern der Minderheit hat es im Einzelfall gegeben, war aber die Ausnahme.

Ansiedlungsprojekte – zum Beispiel im Wittgensteiner Raum – gab es, die aus der Sicht der kolonisierenden Fürsten erfolgreich waren, weil hier Sinti die ihnen zugesprochene Funktion als Polizeihilfskräfte, Soldaten, Zolleintreiber oder Aushilfsarbeitskräfte – in den meisten Fällen gegen den Willen und die Renitenz der unterdrückten Mehrheitsbevölkerung – erfüllten. Dies ist eher ein fragwürdiges Beispiel für nicht gelungene Integration. Darüber hinaus wurden dadurch die negativen Vorstellungen über die »Zigeuner« in großen Teilen der ländlichen Bevölkerung bestätigt. Die »Zigeuner«, die ihnen gegenübertraten, waren Steuereintreiber, Soldaten, Hilfspolizisten, vertraten also die zum Teil gehasste Obrigkeit oder waren Gewerbetreibende oder Musiker, die »frei« waren. Diese Freiheit hatten viele Landbewohner nicht.

Vorwürfe und Verfolgungen

Im 15. und 16. Jahrhundert erklärten mitteleuropäische Herrscher »Zigeuner« zu Spionen für die gefürchteten Türken, ohne dass dies je bewiesen wurde oder bewiesen werden musste. Sinti und Roma galten als »falsche Christen« und ihnen wurde unterstellt, sich vom Diebstahl zu ernähren.[13] Für die Sinti hatte dies zur Folge, dass sie seit dem späten 15. Jahrhundert »vogelfrei« waren, dass sie keinen gesicherten Rechtsstatus mehr besaßen. Im frühen 15. Jahrhundert hatten die Sinti sogenannte Schutzbriefe besessen, die ihnen freies Geleit und eigene Rechtsprechung auf dem Gebiet des Heiligen Römischen Reiches sichern sollten. Das deutet darauf hin, dass die Sinti und Roma über Vermögen und Reichtum verfügten, denn ansonsten hätten Kaiser und Fürsten solche Schutzbriefe wie auch bei reichen Juden nicht ausgestellt.

Die Reichsabschiede – Beschlüsse des Reichstages – und die Erklärung der »Vogelfreiheit« erlaubten es einem jeden Untertan seit Beginn des 16. Jahrhunderts, Sinti zu töten, wenn es ihm gefiel. Besondere gesellschaftliche und politische Gegebenheiten, wie zum Beispiel die kleinen Territorien und die Waffenlosigkeit der Bevölkerung verhinderten die radikale Umsetzung. Es gelang den Sinti immer wieder, sich den Staatsgewalten zu entziehen. Sinti wurden aber auch wegen der Verfolgungspolitik immer stärker zu Außenseitern, und diese Außenseiterrolle stellte die Sinti dann auf eine Stufe mit Spielleuten und Bettlern, die ebenfalls nichtanerkannte Mitglieder der frühneuzeitlichen Gesellschaft waren. Kriminalität wie Räuberei und Diebstahl wurde ihnen von der jeweiligen Obrigkeit unterstellt.[14]

Die Geschichte der Verfolgungen der Sinti in der frühen Neuzeit im deutschsprachigen Raum ist schon recht gut dokumentiert und soll hier deshalb nur soweit behandelt werden, wie es für das Verständnis der weiteren Geschichte von Bedeutung ist. Erlasse der Landesherrschaften des 16. Jahrhunderts bis zum 18. Jahrhundert sprechen eine eindeutige Sprache.

Die Landesherren folgten zum Teil den Vorgaben des Reichs, so dass »Zigeuner« – das waren aber nicht ausschließlich die Sinti – des Lan-

Von Gottes Gnaden

Wir Wilhelm der Neunte, Land=graf zu Hessen, Fürst zu Hersfeld, Graf zu Catzenelnbogen, Dietz, Ziegenhayn, Nidda, Schaumburg und Hanau, ꝛc. ꝛc.

Thun hiermit zu wissen: Obgleich die Sorge für die Sicherheit des Lebens und des Eigenthums der Unterthanen von jeher ein vorzügliches Augenmerk Unserer Fürstl. Regierungs-Vorfahren gewesen ist, und daher von Zeit zu Zeit, und insbesondere unter dem 17ten Febr. 1763. die nachdrücklichsten Verordnungen gegen die Vagabunden, fremde Bettler, Zigeuner und dergleichen gefährliche Leute ergangen sind; So finden Wir Uns doch durch die gegenwärtigen Zeit-Umstände veranlaßt, diese Verfügungen hierdurch theils von neuem einzuschärfen, theils auch zu erweitern oder abzuändern.

A   Wir

Edikt des hessischen Landgrafen 1798[15]

des verwiesen werden sollten. In den hessischen Regionen wurde nicht anders verfahren als im übrigen Deutschland.

Ein anderes Beispiel aus dem Jahre 1794 macht deutlich, dass den Sinti nicht eine kriminelle Tat nachgewiesen werden musste, sondern dass die Zugehörigkeit zur Gruppe schon die Straftat war. Selbst wenn sie eines *Diebstahls nicht gleich überführt werden können*, sollten die einmal Festgenommenen nicht frei gelassen werden, sondern – wie Diebe – dem Publikum vorgeführt werden.

Nach der Aufklärung, nach der Französischen Revolution mit der Erklärung der Menschen- und Bürgerrechte und nach den Reformen zu Beginn des 19. Jahrhunderts in Mitteleuropa änderte sich die rechtliche Lage der Sinti. Auch sie hatten als Individuen mittlerweile die Bürgerrechte erhalten. Weniger veränderten sich die negativen Einstellungen und Ressentiments gegenüber der ethnischen Minderheit der Sinti.

In der Mitte des 19. Jahrhundert gab es aber nur wenige offene Diskriminierungen, sofern man die noch vorhandenen Akten zu Grunde legt. Vorwürfe der Räuberei wurden schlimmstenfalls in Romanen erhoben, nicht mehr von staatlicher Seite. Durch diese Literatur, aber auch durch romantisierende Zigeunerbilder, wurde der Antiziganismus Gemeingut der Gesellschaft.[17]

Erst mit der Etablierung der Nationalstaaten, und besonders des deutschen Nationalstaates griff die Obrigkeit jetzt als gut organisierte Verwaltung wieder stärker in das Leben der Sinti und der um 1870 und 1880 aus Osteuropa eingewanderten Roma ein. In der Zeit, als sich der deutsche Staat zunehmend stärker »völkisch« definierte, schien kein Platz für religiöse oder ethnische Minderheiten, die in Deutschland lebten oder die aus dem Ausland nach Deutschland gelangt waren, zu sein. Die restriktive und repressive Politik traf Polen, Juden und Sinti und Roma. Marion Bonillo weist in ihrer Dissertation über die »Zigeunerpolitik« im Deutschen Kaiserreich darauf hin, dass die »Polenpolitik auf Kritik in der Öffentlichkeit stieß, während die ›Zigeunerpolitik‹ befürwortend und häufig als zu milde bewertet wurde.«[18]

Der Staat gab dem Antiziganismus eine neue Dimension durch Gesetze, Verfügungen und Anordnungen, die in den Jahren des Deutschen

Unsern gnädigen und günstigen Gruß zuvor,

Ehrsame, gute Gönner!

Nachdem Höchsten Orts, in der Absicht, daß die zeither so häufig gewordene Diebstähle mehr verhindert werden sollen, unter andern gnädigst gut gefunden worden, daß,

1) die gegen Diebe erkannte Strafen mehr, als bisher geschehen, zur Publicität gebracht, und des Endes solche Verbrecher, ehe sie hierher zum Zucht-Spinnhaus, oder den Eisen gebracht werden, in loco delicti öffentlich an den Pfahl gestellet, und bei der Gelegenheit sowohl, als wenn sie wieder zurückkommen, der Gemeinde, besonders der Jugend, gute Lehren gegeben, und die Verbrecher selbst vor weiteren Vergehungen gewarnt, auch die Bestrafung, als Warnungs-Anzeige, in der hiesigen Commerzien-Zeitung bekannt gemacht, sodann

2) die Zigeuner künftighin nicht alsbald, wenn sie kaum eingezogen sind, und Diebstahls nicht gleich überführt werden können, auf freyen Fuß, sondern ad opus publicum condemnirt, oder auf sonstige Weise extra statum nocendi gesetzt werden sollen;

Als wird Euch diese Höchste Willensmeynung mit dem Befehl andurch bekannt gemacht, um in vorkommenden Fällen Euch hiernach überall sträcklich zu achten.

In dessen Versehung sind Euch gnädig und günstig geneigt.

Hanau, den 24ten April 1794.

Fürstl. Hessische Regierung
hierselbst.

Anordnung der Fürstlich Hessischen Regierung, Hanau 1794[16]

Kaiserreichs formuliert wurden und bis in die Zeit des Nationalsozialismus gültig waren. Zuständig waren, wenn es um polizeiliche Verfolgungen ging, die einzelnen Länder. Hierbei spielte Preußen als größtes Land im Deutschen Reich eine wichtige Rolle. Seit 1870 lässt sich eine »Zigeunerpolitik« verfolgen, die man am besten mit dem Begriff »Ausnahmepolitik« beschreibt. »Zigeunern« sollte *mit Rücksicht auf die öffentliche Sicherheit* – so wurde im Zirkularerlass des preußischen Innenministers vom 27. Oktober 1870 argumentiert – der ambulante Handel untersagt werden. Auch wenn sich dies zunächst auf die »ausländischen Zigeuner« bezog, war damit ein Zeichen gesetzt, denn auf diesen Erlass bezogen sich in den 1880er und 1890er Jahren die Behörden immer wieder, um gegen alle Sinti und Roma vorgehen zu können.[19]

Seit 1866 war Hanau preußisch. Stadt- und Landkreis wurden Teile der Provinz Hessen-Nassau bzw. des Regierungspräsidiums Kassel. Erst durch den Führererlass vom 1. April 1944 »Über die Bildung der Provinzen Kurhessen und Nassau« wurden die Kreise Gelnhausen, Schlüchtern, Hanau-Stadt und Hanau-Land in den Regierungsbezirk Wiesbaden eingegliedert. Die Provinzaufteilung wurde damit den Bezirken des Reichsverteidigungskommissars angepasst.

Das heißt, für in und um Hanau lebende Sinti und Roma galten seit dem letzten Drittel des 19. Jahrhunderts bis in die 1930er Jahre die preußischen Gesetze.

Sinti und Roma hatten zum Teil – auch vielleicht aus der Not geboren – gesellschaftliche und ökonomische Nischen erkannt. Angesichts der im Verlauf des 19. Jahrhunderts überall eingeführten Gewerbefreiheit konnten sie als Pferdehändler, ambulante Händler, ambulante Handwerker, Zirkusleute und Schausteller, als Musiker, aber auch als Geigenbauer, um nur einige Berufzweige zu nennen, tätig sein. Andere wurden Arbeiter.

Während im Mittelalter und in der frühen Neuzeit die Städte und Fürsten die Diskriminierung und Ausgrenzung forciert hatten und Vorurteile und Ressentiments schürten und nutzten, waren es neben der staatlichen Gewalt seit dem 19. Jahrhundert nunmehr auch die Bürger selbst, die Sinti und Roma als Konkurrenten erkannten oder erkennen wollten, wenn die wirtschaftliche Lage sich verschlechterte. Die Bürger wurden bei der Obrigkeit, jetzt die staatliche Verwaltung und bei Politikern, vorstellig, damit diese vor allem den ambulanten Handel einschränkten.

Alte Vorurteile, die bei einem großen Teil der Bevölkerung verankert waren, wurden reaktiviert. Die staatliche Verwaltung ihrerseits nahm bei der Begründung für die Gesetze und Erlasse auf die Vergangenheit Bezug, in der »Zigeuner« in einem Atemzug mit »Vaganten, Bettlern und Gaunern« genannt wurden. Das ist bis heute für den Benutzer von Archivalien der unteren und mittleren Behörden bei der Betrachtung der Aktendeckel sichtbar. Vorgänge über »Zigeuner«, zu denen Sinti und Roma gezählt wurden, wurden bis in die nahe Vergangenheit (1960er Jahre) unter Titeln verzeichnet wie: *Überprüfung der Landstreicher, Bettler und Zigeuner*[20], *Zigeuner und Vagabunden*[21] oder *Polizeiliche Aufsicht über Zigeuner, Bettler und Landstreicher*[22]. Damit knüpfte man an die Verordnungen und Edikte aus der Zeit des Absolutismus an.

Eine Entrechtung der Sinti und Roma und die Ausnahmegesetzgebung gegen sie wurde dann zu Beginn des 20. Jahrhunderts immer deutlicher. Ihnen wurden Rechte, die für die Mehrheitsbevölkerung selbstverständlich waren, vorenthalten oder entzogen. Als Beispiele seien hier die Gewerbefreiheit und die Möglichkeit, sich den Lebensunterhalt mit dem ambulanten Gewerbe zu verdienen, genannt. Selbst ihre Kinder waren manchmal nicht mehr vor dem Zugriff der Behörden sicher.[23]

Immer wieder wurden Erlasse und Verfügungen bekannt gemacht, die die sogenannte »Zigeunerfrage« zum Thema machten. Eine Anweisung vom 12. Februar 1902 – vornehmlich ausländischen Sinti und Roma durfte fortan kein Wandergewerbeschein mehr erteilt werden –, verdeutlicht, wie vor allem erst einmal nichtdeutsche Sinti und Roma abgesondert wurden.[24] Mit dieser Diskriminierung setzte fast gleichzeitig noch vor der Jahrhundertwende eine planmäßige, auf das ganze Deutsche Reich ausgedehnte Erfassung der Sinti und Roma ein. Ihren Ausgangspunkt hatte diese in Bayern. Zum Zweck der systematischen Erfassung der sich in Deutschland aufhaltenden Sinti und Roma beauftragte das bayrische Innenministerium den Kriminalisten Albert Dillmann bei der Königlichen Polizeidirektion in München, einen

»Nachrichtendienst in Bezug auf die Zigeuner« zu schaffen. Dieser Nachrichtendienst war der Vorläufer der Berliner Zigeunerzentralstelle im nationalsozialistischen Deutschland. 1905 erschien ein »Zigeunerbuch« mit 3.385 alphabetisch geordneten Namen, unter anderem von Sinti und Roma, die dem ambulanten Handel und Gewerbe in Deutschland nachgingen. R. Breithaupt konnte 1907 in seiner Dissertation vermerken, *daß infolge erhöhter polizeilicher und richterlicher Tätigkeit bei der Zigeuner-Zentrale bis jetzt 6031 Zigeuner, welche Bayern und die Nachbarländer durchströmt haben,* festgestellt waren.[25] Das Namensregister – im Auftrag des bayerischen »Nachrichtendienstes« erstellt – wurde nicht nur an Polizeibeamte in Bayern, sondern auch in Hessen und Württemberg verteilt.

Beispiele für die Diskriminierung im Hanauer Raum lassen sich heute im Stadtarchiv für die Ortsteile finden. Auch wenn sie nicht aus Preußen stammen, sondern aus dem benachbarten Großherzogtum Hessen geben die Dokumente Einblick in die Denkweise und die daraus folgende Politik der Behörden.

Den Behördenvertretern ging es in der Regel darum, Menschen, die sie als »Zigeuner« ansahen, von der Gemeinde fernzuhalten, durch Auflagen oder auch durch Verweisungen. Die Sprache ist in diesem Zusammenhang bezeichnend.

Das Auftreten von »Zigeunern« oder von Menschen, die sich in den Augen der Behörden als »Zigeuner« verhielten, wurde als »gemeingefährlich« betrachtet.

Hier sollte durch die Verweigerung von Erlaubnisscheinen für Musikaufführungen das Auftreten von »Zigeunern« verhindert werden oder, überspitzt ausgedrückt, Sicherheit und Ordnung hergestellt werden. Das Recht spielte da eine geringere Rolle.

Das nachfolgende Beispiel stammt zwar aus dem Großherzogtum Hessen, wurde aber den Behörden in Hanau auch mitgeteilt.

Grossherzogliches Kreisamt.   Offenbach, den 21. August 1900.

J. Nr. 47686.

Das häufige Auftreten von Zigeunerbanden ist meist in
letzter Linie darauf zurückzuführen, dass denselben von den
Ortspolizeibehörden Erlaubnisscheine zu Musikaufführungen,
theatralischen Veranstaltungen etc. ausgestellt werden. Auf Grund
dieser Erlaubnisscheine werden ihnen alsdann von Grossherzog-
lichen Kreisamt Wandergewerbescheine für den Kreis ausgedehnt
und sie hierdurch in die Lage versetzt, ihr gemeingefährliches
Treiben ungehindert auszuüben. Eine Controle, ob der Inhaber des
Scheines Zigeuner ist, oder sich als Zigeuner herumtreibt, ist
Sache der Ortspolizeibehörden und Gendarmeriemannschaften.

Wir machen Ihnen daher strengstens zur Pflicht, an Zigeuner oder solche Personen, die sich durch ihre äussere Erscheinung als solche kennzeichnen, ferner an solche Personen, die mu-
sizierende Zigeuner mit sich führen, keine Erlaubnisscheine
zu öffentlichen Aufführungen auszustellen.

H a a s

*An die Bürgermeistereien
und Gendarmeriestationen
im Kreise*

Schreiben des Kreisrates in Offenbach an die Gemeinden, 1900[26]

Daneben wurde die Abschiebung als wesentliches Mittel der Bekämpfung von Menschen, die als »Zigeuner« wahrgenommen wurden,
angesehen. Die Maßnahmen wurden durchgeführt auf der Grundlage
eines verallgemeinerten Vorwurfs ohne jeglichen Bezug zur Wirklichkeit.

Großherzogliches Kreisamt.   IV / Offenbach, den 19.Mai 1903.

J.Nr.31145.

Betreffend: Massregeln gegen das Zigeunerwesen;hier unberechtigte Ausweisung
preussischer Staatsangehöriger.

Indem wir Ihnen nachstehend das unterm heutigen an die Gendarmerie des Kreises gerichtete Ausschreiben zur eigenen Kenntnisnahme,
und entsprechenden Belehrung Ihrer Polizeiorgane mitteilen,empfehlen
wir Ihnen,in jedem Fall,in dem Sie auch nur einer Zigeunerfamilie
habhaft werden alsbald,möglichst telegraphisch oder telephonisch,wo
solches nicht angängig mittelst Radfahrer,der nächsten Gendarmerie-
station,sowie bei Eintreffen einer grösseren Bande auch uns in gleicher Weise Nachricht zu geben.Soweit durchführbar ist die Bande
Ihrerseits vorläufig am Orte festzuhalten und nach Eintreffen der
Gendarmerie dieser zu übergeben.

                                     von Hombergk.

A n
die Grossh.Bürgermeistereien der Landgemeinden.

                                                    / Abschrift.

Schreiben des Kreisrates in Offenbach an die Gemeinden, 1903[27]

Für Sinti und Roma, die ihre deutsche Staatsangehörigkeit weder durch einen in Deutschland gelegenen Geburtsort noch durch die Bescheinigung der Wehrpflicht nachweisen konnten, bedeutete die Erfassung durch Polizeibehörden die Ausweisung, zuerst aus einem der deutschen Bundesstaaten, dann aus dem nächsten und so weiter.

Die in München eingerichtete »Zigeunerzentrale« hatte für das gesamte Deutsche Reich bis zum Jahre 1926 rund 14.000 Personen, darunter viele Sinti und Roma, mit Lebensdaten, Lichtbildern und Fingerabdrücken – ohne Rechtsgrundlage – erkennungsdienstlich erfasst.

Aus der traditionellen Zuordnung der Sinti und Roma zu Gaunern, Vagabunden oder zu den sogenannten »Arbeitsscheuen« wurden Gesetze und Verordnungen gegen das »Zigeunerunwesen« oder gar gegen die »Zigeunerplage« formuliert.

Der auch für die Stadt und den Landkreis Hanau zuständige preußische Minister des Innern und spätere Reichskanzler v. Bethmann-Hollweg erließ am 17. Februar 1906 eine *Anweisung zur Bekämpfung des Zigeunerunwesens*.

Ihre wesentlichen Grundsätze waren folgende:

♦ Die Einwanderung ausländischer Sinti und Roma über die Reichsgrenze sollte mit allen damals gesetzlich zulässigen Zwangsmitteln verhindert werden.

♦ Die im Inland angetroffenen nichtdeutschen Sinti und Roma sollten ausgewiesen werden.

♦ Für Sinti und Roma, die *nachweislich* die Staatsangehörigkeit eines deutschen Bundesstaates besaßen, wurde die »Sesshaftmachung« angestrebt.

♦ Sinti und Roma, die dem ambulanten Handel und Gewerbe nachgingen, sollten durch die Landräte, die Ortspolizeibehörden und die Bezirksgendarmen überwacht und beobachtet werden. Es wurde den Verwaltungsorganen empfohlen, das Lagern der Sinti und Roma auf Straßen, Plätzen oder Dorfauen nur gegen Hinterlegung eines *angemessenen* Standgeldes zu gestatten.

Die Überwachung wurde mit der Unterstellung begründet, dass Sinti und Roma grundsätzlich immer Straftaten begehen wollten. Deshalb müsse man von Seiten des Staates eine genaue Kontrolle aller Bewegungen entgegensetzen. Es galt ein beinahe lückenloses Überwachungsnetz von Gemeinde zu Gemeinde aufzubauen.

Anweisung zur Bekämpfung des Zigeunerunwesens.

A. Ausländische Zigeuner.

1. Ausländischen Zigeunern ist der Übertritt über die Reichsgrenze mit allen gesetzlich zulässigen Zwangsmitteln zu verwehren. *Verhütung des Eindringens ausländischer Zigeuner über die Reichsgrenze 2c.*

Als ausländische Zigeuner sind alle Zigeuner anzusehen, welche nicht völlig zweifelsfrei nachweisen, daß sie die Staatsangehörigkeit in einem deutschen Bundesstaate besitzen.

2. Gleichwohl im diesseitigen Staatsgebiete betroffene ausländische Zigeuner sind festzunehmen und auszuweisen. Auch die Ortspolizeibehörden sind hierzu befugt. *Ausweisung der im Inlande betroffenen ausländischen Zigeuner.*

Die hierdurch entstehenden Kosten sind auf Landespolizeifonds zu übernehmen, soweit sie nicht von den Ausgewiesenen eingezogen werden können.

3. Sofern die auszuweisenden Zigeuner einem Staate angehören, mit welchem ein Übernahmeabkommen¹) getroffen ist, wird die Ausweisung in dem durch dieses Abkommen geordneten Verfahren im Wege des Zwangstransportes durchgeführt.

4. Besteht ein solches Abkommen nicht, so ist die Ausweisung durch polizeiliche Verfügung anzuordnen und mittels Transports in der Richtung des Heimatlandes und nach dem am leichtesten erreichbaren Punkte der Reichsgrenze zur Ausführung zu bringen. Muß hierbei das Gebiet eines anderen Bundesstaates berührt werden, so ist der Transport nur zulässig, wenn entweder die Übernahme an der Reichsgrenze gesichert ist, oder der andere Bundesstaat sich mit dem Transporte einverstanden erklärt hat.

5. Ist der Transport aus besonderen Gründen nicht ausführbar - z. B. weil nicht feststeht, welche fremde Staatsangehörigkeit die Auszuweisenden besitzen -, so hat die Ausweisung durch polizeiliche Verfügung unter Androhung und nötigenfalls unter sofortiger Vollstreckung einer Exekutivstrafe gemäß §§ 132 und 133 des Landesverwaltungsgesetzes vom 30. Juli 1883 zu erfolgen. Dabei haben die Polizeibehörden darüber zu wachen, daß die Ausgewiesenen tatsächlich das Inland verlassen, im Falle der Rückkehr über die Landesgrenze aber wegen Bannbruches (§ 361 Nr. 2 des Reichsstrafgesetzbuches) strafrechtlich verfolgt werden.

B. Inländische Zigeuner.

6. Bei inländischen, d. h. solchen Zigeunern, welche nachweisbar die Staatsangehörigkeit in einem deutschen Bundesstaate besitzen, ist anzustreben, daß sie möglichst an einem bestimmten Wohnorte seßhaft werden und nicht im Umherziehen der Bevölkerung zur Last fallen. *Allgemeines*

¹) Derartige Abkommen bestehen z. Zt. mit der Schweiz, Italien, Österreich-Ungarn, Rußland, Dänemark, den Niederlanden und Luxemburg. Ferner mit Frankreich und Belgien hinsichtlich der Übernahme von Hilfsbedürftigen.

2130/06

Aus der preußischen Ministerialanweisung von 1906[28]

Diese Anweisung war im Grunde nur die Zusammenfassung und Wiederholung der bis dato ergangenen Vorschriften. Von größter Bedeutung ist diese aber, weil sie in anderen deutschen Ländern wie Anhalt und Sachsen im selben Jahr bzw. 1907 übernommen wurde.[29]

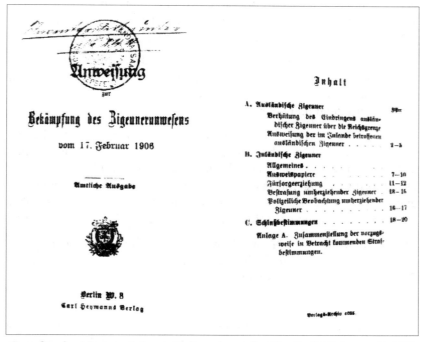

Preußische Ministerialanweisung, Ausgabe für die Polizisten, 1906[31]

Wie wichtig die preußische Regierung diese Anweisung nahm, geht schon allein daraus hervor, dass jeder Polizist eine kartonierte Ausgabe der Anweisung in die Hand bekommen sollte.[30]

1909 machte der Reichskanzler in den Ausführungen zur Gewerbeordnung bekannt, dass *Zigeunern [...] der Wandergewerbeschein stets zu versagen* sei. Vor allem den Sinti und Roma sollte diese Art von Erwerbsmöglichkeiten eingeschränkt werden, nicht den ambulanten Händlern an sich.[32] Das heißt, bei den ambulanten Händlern wurde zwischen Sinti und Roma und Nicht-Sinti und Nicht-Roma offenkundig unterschieden.

29

Zuerst sollten nichtdeutsche Sinti und Roma aus Deutschland verwiesen werden. Schon im Jahre 1886 hatte der Innenminister des Großherzogtums Hessen eine Verordnung gegen ausländische Sinti und Roma an die Polizeibehörden erlassen. In diesem »Ausschreiben« wurde daran erinnert, dass die Regierungen von Preußen, Bayern und Sachsen die Einreise ausländischer Sinti und Roma weitgehend unterbinden sollten, um den Grenzübertritt nach Hessen zu erschweren.

Bereits die zitierte Anweisung des preußischen Innenministers aus dem Jahre 1906 sah die Möglichkeit der Vertreibung von Sinti und Roma vor. Es ist wohl kaum ein Zufall, dass dieselbe Anweisung immer wieder neu aufgelegt und bekräftigt wurde.

Die späteren ministeriellen Entschließungen und Erlasse lassen keinen Zweifel daran, mit welchen Mitteln die Regierungen der angeblichen »Plage« Herr zu werden beabsichtigten. Seit dem Jahre 1911 sollte zum Beispiel das »Fingerabdruckverfahren« auf sämtliche »Zigeuner« – auch Säuglinge und Alte – seine Anwendung finden. Dies wurde aber zunächst von den unteren Behörden noch eine gewisse Zeit ignoriert.

Für die betroffenen Sinti und Roma bedeutete dies Überwachung und Registrierung. Belege dafür finden sich heute noch in den Archiven bei fast jedem Landratsamt, so auch für den Kreis Hanau.

Abschiebungen von ausländischen Sinti und Roma wurden nicht nur während der Kaiserzeit praktiziert, sondern auch noch in den zwanziger und dreißiger Jahren des 20. Jahrhunderts. Nahtlos wurde dies sowohl in den Zeiten der Weimarer Republik als auch in den ersten Jahren des nationalsozialistischen Deutschlands fortgesetzt. Der Vorwurf für die Abschiebung lautete immer »Zigeuner«, nicht irgendeine Straftat.

Da die Personen nicht nur abgeschoben, sondern auch registriert wurden, entstand nach und nach ein regelrechtes Verzeichnis von Menschen, die bei der Polizei als »Zigeuner« verzeichnet waren.

In den meisten Gesetzen und Verordnungen wurde von »Zigeunern« oder »nach Zigeunerart umherziehenden Personen« gesprochen. Damit stellte sich die Frage, auch für die nachgeordneten Behörden, woran der »Zigeuner« zu erkennen sei. Hauptmerkmal war – im Sinne der Obrigkeit – die »Nichtsesshaftigkeit« oder die Ausübung des ambulanten Handels oder Gewerbes. Kontrolliert und registriert wurden aber offensichtlich nur Sinti und Roma, obwohl es gleichzeitig eine sehr viel größere Gruppe ambulanter Händler und Gewerbetreibender gab, die nicht zu den Sinti und Roma gehörten. Obwohl nirgends ausgesprochen, wurde das Aussehen der Menschen in Kombination mit dem ambulanten Handel und Gewerbe, der Schaustellerei und der Musik Ausgangspunkt einer Zuordnung zu den »Zigeunern«. Sinti und Roma, die nicht irgendeiner Form des ambulanten Handels oder Gewerbes nachgingen, wurden in der Regel weder im Kaiserreich noch in der frühen Weimarer Republik registriert.

»Zigeunerpolitik« zwischen 1918 und 1936: Abschieben

Mit der Weimarer Verfassung wurde Deutschland zu einem demokratischen Rechtsstaat. Für die Sinti und Roma, die dem anerkannten Beruf des ambulanten Händlers oder Handwerkers nachgingen, änderte sich die Lage aber nicht wesentlich. Die aus heutiger Sicht zu erwartende Demokratisierung und Verstetigung rechtsstaatlicher Entwicklung umfasste fast alle Gruppen und Schichten der Gesellschaft, nicht aber die »Zigeuner«. Neben den Sinti und Roma waren dies auch Menschen, die dem Bild vom »Zigeuner« entsprachen, Menschen, die dem ambulanten Gewerbe im weitesten Sinn, als Händler, Handwerker, Schausteller oder Musiker nachgingen und zumindest in den wärmeren Monaten mit Pferd und Wohnwagen oder auch mit dem Traktor beziehungsweise Auto unterwegs waren.

In Fortsetzung dessen, was schon im Deutschen Kaiserreich umgesetzt wurde, hieß »Zigeunerpolitik« auch nach der Novemberrevolution von

1918 in erster Linie »Abschieben« der Menschen, die als »Zigeuner« angesehen wurden. Unter ihnen waren – vergleicht man die Namen mit denen der später Deportierten – viele Sinti und Roma, aber nicht ausschließlich.

Dass aber nicht für jeden ambulant tätigen Gewerbetreibenden das Stigma »Zigeuner« galt, machen die Protokolle der »Experten«-Sitzungen und Polizeiakten deutlich.

Zum ersten: Seit 1911 waren die »Experten« auf der Suche nach dem »eigentlichen Zigeuner«. Zwischen 1911 und 1936 stritt man sich darüber, ob »Zigeuner« ein soziologischer oder ein »biologischer« Begriff sei. In der soziologischen Betrachtungsweise war das »Zigeunertum« ein Verhalten, das als »Nichtsesshaftigkeit« beschrieben wurde. Dieses Verhalten wurde als vorindustriell aufgefasst, das es zu beseitigen galt, zum Beispiel durch staatliche Programme zur Sesshaftmachung oder durch rechtliche Schranken für die ambulanten Tätigkeiten.

Zum zweiten: Dem stand der biologistisch geprägte »Zigeuner«-Begriff gegenüber. Dieser stellte eine Verknüpfung von Aussehen, Sprache, Kleidung und Verhalten her, und gleichzeitig wurde unterstellt, dass es das Wesen der »Zigeuner« – das waren die Sinti und Roma – sei, als Nomaden zu leben, deren Ausbreitung durch den Staat beobachtet beziehungsweise eingeschränkt werden sollte.

Diese nicht nur akademische Diskussion hatte wenig mit der Realität zu tun, denn die Ortspolizisten und Gendarmen entschieden nach Augenschein, ob ein ambulanter Händler oder Handwerker nun »Zigeuner« war oder nicht.

»Zigeuner« wurden diskriminiert und überwacht, scheinbar ehrenwerte Händler wurden akzeptiert, zum Teil gefördert.

Was Diskriminierung bedeutete, zeigen zum Beispiel die Bestimmungen über das »Reisen«. Die verschiedenen »Zigeunergesetze« der Länder in den zwanziger Jahre verboten vor allem das sogenannte *Reisen in Horden*. Eine »Horde« war dabei keine Ansammlung von Hunderten von Menschen, sondern eine »Horde« im Sinne der damaligen Rechtsprechung war schon eine Gruppe von zwei Familien mit Wagen oder eine Familie mit Kindern. Ziel dieser Gesetze und Verordnungen war es wiederum den ambulanten Handel und das ambulante Gewerbe einzuschränken. Grundsätzlich mussten sich Menschen, die als »Zigeuner« registriert waren, am Übernachtungsort bei der Ortspolizei melden, die dann die Identitätskarten kontrollieren sollten. Für die Dauer des Aufenthalts waren dabei die Karten bei den Polizeibehörden zu hinterlegen.

Beispiel für den Versuch der Überwachung, 1925[33]

Das Fingerabdruckverfahren im Jahre 1927

Nach dem Runderlass des bayerischen Innenministeriums vom 3. November 1927 sollte von allen Sinti und Roma, die dem ambulanten Handel und Gewerbe nachgingen, Fingerabdrücke genommen werden. Das Verfahren wurde auf alle Personen, die über sechs Jahre alt waren, angewandt. Die auf diese Weise erstellten Fingerabdruckbögen wurden gemäß der Anordnung der Landeskriminalpolizeistelle zugeschickt. Diese leitete sie über das Landeskriminalpolizeiamt an die Zigeunerpolizeistelle bei der Polizeidirektion in München weiter. Dort wurden Personal- und Fingerabdruckbögen in die seit 1899 bestehende »Zigeunerkartei« eingeordnet.

Neben diesen und anderen Vorschriften zur »vorbeugenden Überwachung« erhielt die Polizei durch das neue Gesetz zwei weitere Zugriffsmöglichkeiten. Die Zulässigkeit der Landesverweisung von Sinti und Roma wurde soweit ausgedehnt, »als dies im Rahmen des Reichsrechts überhaupt möglich« war.[34] Auch die polizeilichen Aufenthaltsbeschränkungen innerhalb Bayerns wurden ab dem Jahre 1926 in ähnlich weitem Umfang wie die Landesverweisung gehandhabt. Vor allem mit der Verweisung der Sinti und Roma in ein Arbeitshaus erhielten die Behörden ein aus ihrer Sicht sehr wirksames Mittel im Kampfe gegen die »Zigeuner«. So sah das Gesetz vor, dass über 16 Jahre alte Sinti und Roma, die einen Nachweis über »geregelte Arbeit« nicht führten, durch die zuständige Polizeibehörde »aus Gründen der öffentlichen Sicherheit« bis zur Dauer von zwei Jahren in einer Arbeitsanstalt untergebracht werden konnten. Sinti und Roma, die kein Arbeitsverhältnis vorwiesen, mussten also stets mit der Einweisung in ein Arbeitshaus rechnen. Ziel des bayerischen Gesetzes, das in Deutschland in weiten Teilen als vorbildlich angesehen wurde, war die Unterbindung des ambulanten Handels der »Zigeuner«.

In Anlehnung an das bayerische Gesetz wurden gemäß eines Runderlasses vom 3. November 1927 zwischen dem 23. und dem 26. November 1927 in Preußen von mehr als 8.000 Sinti und Roma jeden Alters Fingerabdrücke genommen.[35]

34

zu Ziff. 16 — planmäßig alle nicht seßhaften Zigeuner und nach Zigeunerart herumziehenden Personen, welche sich in ihrem Zuständigkeitsbereich aufhalten, festzustellen.

Zu diesem Zweck sind von sämtlichen oben genannten Personen, welche das 6. Lebensjahr vollendet haben, Fingerabdrücke zu nehmen.

Vor der Fingerabdrucknahme sind die etwa mitgeführten Ausweise einer genauen Prüfung zu unterziehen und die polizeilich oder steckbrieflich gesuchten Personen festzustellen oder festzunehmen.

II. Von jeder Person sind 2 Fingerabdruckbogen anzufertigen und an die zuständige Landeskriminalpolizeistelle zu senden. Die L. K. P.-Stelle hat die Fingerabdruckbogen an das L. K. P.-Amt weiterzureichen. Das L. K. P.-Amt hat einen Fingerabdruckbogen unter Mitteilung des Ergebnisses der von ihm vorgenommenen Nachprüfung an die Zigeunerpolizeistelle bei der Pol.-Direktion in München weiterzuleiten. Die Fingerabdruckbogen sind auf der Vorderseite oben mit dem Vermerk: „Zigeuner" in roter Schrift zu versehen.

Auf dem Fingerabdruckbogen ist unter „Bemerkungen" anzugeben, durch welche Papiere — unter Anführung der ausstellenden Behörde und des Ausstellungstages — sich die Person ausgewiesen hat. Beanstandungen als falsch erkannter oder mutmaßlich gefälschter Papiere sind unter Angabe der hierauf veranlaßten Maßnahmen besonders zu vermerken. Ihr Ergebnis ist der zuständigen L. K. P.-Stelle mitzuteilen, welche erforderlichenfalls die Zigeunerpolizeistelle in München und das L. K. P.-Amt davon in Kenntnis setzt.

III. Jeder Person oder ihrem gesetzlichen Vertreter ist nach erfolgter Fingerabdrucknahme eine Bescheinigung nach dem nachstehend abgedruckten Muster — Vordruck PRB. Nr. 24 — auszuhändigen, falls nicht die Person festgenommen wird. In diesem Falle hat die Aushändigung bei der Entlassung zu erfolgen. Wird der Festgenommene dem Richter vorgeführt, so ist die Bescheinigung bei der Zuführung mitzugeben.

IV. Werden nach dem 26. 11. 1927 nicht seßhafte Zigeuner und nach Zigeunerart herumziehende Personen betroffen, so ist regelmäßig eine Prüfung vorzunehmen, ob die über 6 Jahre alten Personen oder ihre gesetzlichen Vertreter im Besitze der unter Ziff. III genannten Bescheinigung sind. Die Bescheinigungen sind eingehend daraufhin zu prüfen, ob sie nicht etwa gefälscht sind. Weiter ist durch Vergleich der zu diesem Zwecke zu nehmenden Fingerabdrücke mit den Fingerabdrücken der Bescheinigung festzustellen, ob die Fingerabdrücke auf der Bescheinigung mit den Fingerabdrücken der Personen, für welche sie gelten sollen, übereinstimmen. Nötigenfalls sind für die Vergleichung die zuständige L. K. P.-Stelle oder geeignete Pol.- oder Landjägereibeamte in Anspruch zu nehmen. Ein Vergleich der Fingerabdrücke soll jedoch erst erfolgen, wenn seit Ausstellung der Bescheinigung oder des letzten Kontrollvermerks 3 Monate verflossen sind.

Fingerabdruckverfahren bei Zigeunern.
AbErl. d. MdJ. v. 3. 11. 1927 — II C II 32/72. 27.

Nach Ziff. I, 5 des AbErl. v. 4. 2. 1927 (MBliV. S. 133, 182) — B. f. d. V. Nr. 32 „Landeskriminalpolizei" S. C 1 ff. — sind Fingerabdrücke von allen nicht seßhaften Zigeunern und nach Zigeunerart herumziehenden Personen zu nehmen. Diese Bestimmung ist deshalb notwendig, weil auf diese Personen die Bestimmungen über die polizeiliche Meldepflicht in der Regel praktisch nicht anwendbar sind und die Feststellung ihrer Persönlichkeit darum oft nicht möglich ist.

Die Durchführung der Bestimmung bedarf der besonderen Regelung, um überflüssige Härten zu vermeiden. Ich ordne daher folgendes an:

I. Die Ortspol.-Behörden (Landjägereibeamten) haben in der Zeit vom 23. bis 26. 11. 1927 bei gleichzeitiger Durchführung der Min.-Anw. zur Bekämpfung des Zigeunerunwesens v. 17. 2. 1906 (MBliV. S. 63) — insbesondere

Ausschnitt aus dem Ministerialblatt für die preußische innere Verwaltung, 1927[36]

Für denselben Zeitraum hatte auch das Innenministerium des Volks-
staates Hessen die Gendarmeriebeamten angewiesen, *alle Zigeuner
[...] die sich in ihrem Zuständigkeitsbereich aufhalten, planmäßig festzustellen. Zu diesem Zweck sind von sämtlichen Personen, die das 6.
Lebensjahr vollendet haben, Fingerabdrücke zu nehmen.*[37] Die Ab-
nahme von Fingerabdrücken veranschaulicht die Kriminalisierung der
deutschen Sinti und Roma bereits vor Beginn des »Dritten Reichs«.

Weitere Länder des Deutschen Reiches zogen nach. Im April 1929 kam
die »Ländervereinbarung zur gemeinsamen und gleichartigen Bekämpfung der Zigeuner im Deutschen Reich« zustande. 1930 ordnete
auch das Württembergische Justiz- und Innenministerium an, dass allen *umherziehenden* »Zigeunern« ohne Unterschied Fingerabdrücke
abzunehmen seien.[38]

Ein Runderlass des Preußischen Ministeriums für Wissenschaft, Kultur und Volksbildung wies 1930 außerdem nochmals darauf hin, dass
Sinti und Roma, die dem ambulanten Gewerbe nachgingen, das Mit-
führen schulpflichtiger Kinder untersagt sei, sofern keine Ausnah-
megenehmigung vorliege oder für einen ausreichenden Unterricht ge-
sorgt werden könne.[39]

Ein besonderes Augenmerk wurde in allen Bestimmungen auf den
Wandergewerbeschein gelegt. So hieß es – zum wiederholten Male –
*Ausländern, die Zigeuner sind oder auch nur in dem geringsten Ver-
dacht stehen, daß sie Zigeunereigenschaft besitzen*, sollte der Wandergewerbeschein *unter allen Umständen versagt* werden.[40]

Um den Gewerbetreibenden ihre Tätigkeit weiter zu erschweren, wurden die ausstellenden Behörden angewiesen, einen Vermerk »Zigeuner« auf dem Wandergewerbeschein anzubringen.

In Preußen wurden daneben weitere Erlasse veröffentlicht, die diskri-
minierend gegen Sinti und Roma gerichtet waren. Der Aufenthalt in
Heilbädern, Kurorten und Erholungsstätten war ihnen – wie im übrigen
auch Flüchtlingen – zum Beispiel durch einen entsprechenden Erlass
des Ministers für Wohlfahrt vom 27. Juli 1920 verboten.[41]

Dass die Verfolgungsgeschichte jedoch nicht eindimensional in eine Richtung verlief, zeigen Vorgänge aus dem Jahre 1930.

Der Oberpräsident in Kassel dachte – was als Widerspruch zu dem zuvor Entwickelten erscheinen mag – im Jahre 1930 daran, die Bestimmungen über das *Reisen in Horden* aufzuheben:

Ich beabsichtige die Polizeiverordnung betr. »Verbot des Zusammenreisens von Zigeunern« vom 27. 3. 1912 (Reg. Amtsblatt 1912, S.188) mit sofortiger Wirkung aufzuheben.

Bis zum 28. d. Mts. ersuche ich mir zu berichten, ob und ggf. welche Bedenken gegen die Aufhebung dieser Polizeiverordnung bestehen.

Den gesetzten Termin ersuche ich genau einzuhalten.[42]

Der Regierungspräsident leitete die Schreiben an die Landräte weiter, diese wiederum an die nachgeordneten Landjägerabteilungen. Seine Meinung, dass er gegen eine Aufhebung und damit gegen eine nachlassende Überwachung der Sinti und Roma war, hielt der Regierungspräsident nicht zurück. Er schrieb:

Abschrift mit dem Ersuchen um Stellungnahme und Bericht bis spätestens 24. d. Mts übersandt. Ich halte die Aufhebung der Polizeiverordnung für nicht unbedenklich, da sie eine der wenigen Hilfsmittel zur Bekämpfung der Zigeunerplage darstellt.[43]

Entsprechend fielen die meisten Antworten aus den Kreisen aus. Eindeutig erklärten Landjäger und Landrat, dass eine mögliche Aufhebung der Polizeiverordnung auf ihre großen Bedenken stoßen würde. Eine konkrete Begründung wurde in der Regel nicht beigefügt.

Während im preußischen Teil des heutigen Hessens immer wieder aus der Kaiserzeit stammende Erlasse und Verordnungen gegen »Zigeuner« reaktiviert wurden, debattierte man im Volksstaat Hessen schon über ein »Zigeunergesetz«. Dabei knüpfte man unter anderem an Überlegungen aus Bayern an, in deren »Zigeuner- und Arbeitsscheuengesetz« von 1926 die rassistische Ideologie eingedrungen war.

Waren »Zigeuner« bis dahin alle die *Personen, die ohne Beruf oder zum Zwecke gewerblicher, schaustellerischer oder gauklerischer Leistun-*

gen oder zum Zwecke des Handels gewohnheitsmäßig ohne Wohnsitz und zwar in der Regel banden- oder hordenweise herumziehen,[44] so hieß es jetzt: *Die Rassenkunde gibt darüber Aufschluß, wer als Zigeuner anzusehen ist.*[45]

Im dem 1929 im hessischen Landtag verabschiedeten »Gesetz zur Bekämpfung des Zigeunerunwesens« waren im Entwurf diese Gedanken der Rassenkunde eingedrungen. Hier hatte es geheißen: *Artikel 1: Das nachstehende Gesetz findet Anwendung auf Personen, die 1. infolge ihrer Rassengehörigkeit zu den Zigeunern zählen.*[46] Im Gesetz selbst wurde auf eine Definition von »Zigeuner« verzichtet.

Da dieses Gesetz vor 1945 in Preußen keine Gültigkeit hatte, könnte man es im Kontext dieser Untersuchung übergehen. Aber dieses Gesetz war nach 1945 für ganz Hessen gültig und wurde erst 1952 aufgehoben. Das heißt also, Bestimmungen und Gesetze, die schon in der Weimarer Republik als nicht verfassungskonform oder als verfassungswidrig angesehen wurden, existierten in der Bundesrepublik weiter. Juristen hatten bereits in der Weimarer Republik auf die Verfassungswidrigkeit hingewiesen, doch die verantwortlichen demokratischen Politiker setzten sich über die Vorbehalte hinweg.

Die Umfrage des Deutschen Städtetages im Jahre 1929

Wie sich die Stadt Hanau ganz allgemein den Umgang mit den »Zigeunern« vorstellte, wird aus den Antworten auf einem zweiseitigen Fragebogen sichtbar, der vom Deutschen Städtetag[47] an alle Städte im Deutschen Reich mit mehr als 25.000 Einwohnern versandt worden war. Ziel dieser Umfrage war es zu ermitteln, ob es in der sogenannten »Zigeunerfrage« einen Bedarf für eine »reichseinheitliche Regelung« gebe.

Seit 1926/27 waren die schon erwähnten Ländergesetze verabschiedet worden, die nach Aussagen von einigen Bürgermeistern und Polizeibeamten zu einem verstärkten »Verschub« von Sinti und Roma-Familien in ein jeweils anderes Bundesland geführt hätten.

Konkreter Hintergrund zu der Umfrage des Deutschen Städtetages war die Entwicklung in Frankfurt am Main. Dort war 1929 ein sogenanntes Konzentrationslager für »Zigeuner« an der Stadtgrenze Berkersheim eingerichtet worden. Wegen dieses Lagers gab es in der Bevölkerung und der Verwaltung in und um Frankfurt immer wieder Nachfragen, z. T. Beschwerden, aber nur wenig Protest gegen diese Zwangsmaßnahmen. Die damalige Frankfurter Stadtverordnete Elsa U. Bauer war – so in einem Brief – *erschüttert* und empfand dieses Lager als *beschämend,* unter anderem wegen der schlechten hygienischen Verhältnisse. Sie schrieb, man dürfe diese Menschen *natürlich nicht so weit an die Peripherie der Stadt hinausdrängen, dass jedes Gewerbe beinahe zur Unmöglichkeit wird. (...) Dann, wenn einmal diese sogenannten Konzentrationslager errichtet sind, muß man für die primitivsten hygienischen Anforderungen Sorge tragen. Klosetts haben wir schon angelegt, dafür fehlt jetzt ein Brunnen und es gibt eine ewige Streiterei mit der Nachbarschaft wegen des Wasserholens. [...] Wie gesagt, ich habe mich bei meinem Besuch neulich in der Siedlung Berkersheim so geschämt, wie lange nicht. Sämtliche Zigeuner sind Reichsdeutsche, die meisten von ihnen waren im Felde. Eine Mutter zeigte mir das Eiserne Kreuz ihres gefallenen Sohnes. Das ist der Dank des Vaterlandes!*[48]

Das heißt, dass von der besorgten Stadtverordneten das Konzentrationslager selbst nicht in Frage gestellt wurde, sondern nur die Ausstattung desselben.

Diesen Brief an den Frankfurter Stadtverordneten Michel nahm der Deutsche Städtetag zum Anlass für seine Umfrage. Sieben Fragen wurden den Magistraten und Oberbürgermeistern gestellt, die sie dann urschriftlich an den Deutschen Städtetag nach Berlin zurückschicken sollten.

Die überwiegende Mehrzahl der Städte hatte bis zu diesem Zeitpunkt eine Vielzahl von Regelungen und Verordnungen erlassen, um die Sinti und Roma zu vertreiben und zu verhindern, dass sie in der jeweiligen

Stadt wohnen konnten. Einige Städte hatten »Zigeunerlager« geplant, aber nur in Köln und Frankfurt am Main hatte man sie auch tatsächlich eingerichtet.

Kommunen aus dem Volksstaat Hessen wie Darmstadt oder Offenbach waren sich dabei über die Nützlichkeit des Hessischen »Zigeunergesetzes« von 1929 einig. Die Stadt Offenbach betonte zum Beispiel in ihrem Anschreiben vom 19. November 1929, dass *nach den neuen hessischen Vorschriften Zigeuner und Landfahrer der Erlaubnis der Polizeibehörde auch dann bedürfen, wenn sie sich auf Privatgrundstücken in Wohnwagen niederlassen wollen.*[49]

Jenen Punkt nahm auch die Stadt Hanau auf. Zunächst betonte der Vertreter der Stadt, dass sie *unter der Plage leidet.* Aber an keiner Stelle wird er so konkret, als dass man erkennen könnte, worin dieses »Leiden« besteht.

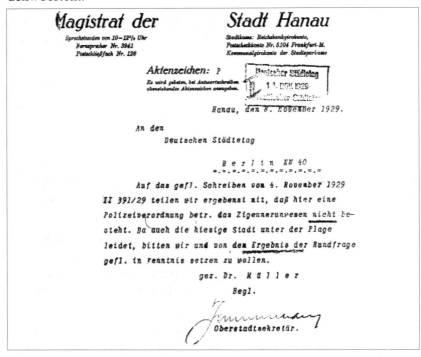

Schreiben der Stadt Hanau an den Deutschen Städtetag, 1929[50]

Auch die nächsten Antworten aus Hanau waren eindeutig; sie unterschieden sich nicht wesentlich von anderen Städten, die auch vordringlich eine Abschiebung propagierten und wohl auch durchführten. Vor allem wies die Stadt das Ansinnen einer »Sesshaftmachung« strikt zurück.

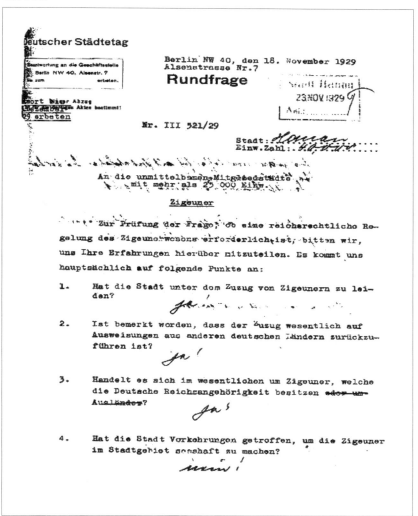

Aus der Antwort des Magistrats der Stadt Hanau[51]

5. Sind insbesondere Vorkehrungen getroffen, um den Schulbesuch der Kinder sicherzustellen?

    ja!

6. Welche Erfahrungen sind bei Massnahmen gemäss Ziffern 5 und 5 gemacht worden?

    [handschriftlich]

7. Welche gesetzlichen Massnahmen werden für die Behandlung der Zigeunerfragen vorgeschlagen?

    [handschriftlich]

Falls eine Abschrift des Ergebnisses dieser Rundfrage gewünscht ist, wird um Nachricht gebeten.

[handschriftlich]

                    I.V.

              Dr. E l s a s

Aus der Antwort des Magistrats der Stadt Hanau, Seite 2

Im zusammenfassenden Bericht des Deutschen Städtetages wird Hanau mehrfach erwähnt:[52]

♦ Hanau leide am *Durchzug der Zigeuner,*

♦ Hanau führe den *Zuzug* auf die Abschiebungspraxis in den anderen Ländern zurück,

♦ Hanau fordere das *Verbot der Niederlassung mit Wohnwagen auf Privatgrundstücken.*

Nicht erwähnt wurde in diesem Bericht der bestätigte gute Schulbesuch der Sinti-Kinder in Hanau.

Aus der Zusammenstellung geht hervor, dass es um 1930 nicht nur eine massive Diskriminierung von Sinti und Roma gab, sondern es wird ebenso deutlich, dass eine ganze Reihe von Kommunen die diskriminierende Praxis noch ausweiten wollten.

Aus dem Wissen, dass sich viele Städte gegenüber den Sinti und Roma verfassungswidrig verhielten, indem sie die garantierte freie Wohnsitzwahl den Sinti und Roma nicht zugestehen wollten, wurde nun von Seiten des Staates nicht der Schluss gezogen, die Grundrechte zu verteidigen. Das Reichsinnenministerium schlug vielmehr in einem Schreiben an den Deutschen Städtetag vom 27. Juli 1930 vor, ein die ganze Frage regelndes Reichsgesetz zu erlassen.[53] Das heißt, statt auf die Einhaltung der Grundrechte zu pochen, wurde auf Reichsebene an eine Einschränkung gedacht, durchaus den Vorstellungen entsprechend wie sie in Kassel, in Frankfurt oder in Hanau vertreten wurden.

Diese von der Stadt Hanau vorgetragene Position wurde auch von den Vororten mitgetragen bzw. verfochten. »Zigeuner« galten als Teil einer Unordnung, oder sie gefährdeten aus der Sicht der Behörden die bürgerliche Ordnung allein durch ihre Existenz. »Abschieben« hieß deshalb die Losung und damit die Lösung aus der Sicht der Verwaltung. Ob die betreffende Person, die als »Zigeuner« entdeckt worden war, im Wohnwagen lebte oder in einer gewöhnlichen Wohnung, spielte hierbei keine Rolle.

Die Zeit des Nationalsozialismus

Am 30. Januar 1933 hatte Reichspräsident Paul von Hindenburg den Führer der NSDAP Adolf Hitler zum neuen Reichskanzler ernannt. Hitler hatte sich den verschiedenen Gruppen der konservativen und nationalistischen Eliten nicht zuletzt dadurch empfohlen, dass er das diesen Gruppen verhasste »Weimarer System« abschaffen und stattdessen einen autoritären Führerstaat errichten wollte.[54]

Für nicht wenige Zeitgenossen war die Ernennung Hitlers ein »*Sieg der Deutschnationalen*«[55], durch die die radikale Hitlerbewegung gezähmt werden würde. In der sozialdemokratischen HANAUER VOLKS-STIMME schrieb man dagegen von der *Regierung der kapitalistischen Diktatur*[56], mit der die *Harzburger Front wieder auferstanden* sei. Ähnlich hieß es auf der ersten Seite des HANAUER ANZEIGERs:

Herrn v. Papen ist es gelungen, Adolf Hitler und Hugenberg an den runden Tisch zu bringen, die Vertreter der Harzburger Front wieder zu einen, d.h. diese Front wieder neu erstehen zu lassen und was die Hauptsache ist, die nationalsozialistische Bewegung, indem man ihr eine Wegstrecke entgegenkam, als bejahendes und mitschaffendes Glied in die Staatsmaschinerie einzureihen.[57]

Das Kabinett Hitler-Papen setzte zunächst auch die Politik der Notverordnungen, die seit dem Kabinett Brüning im Jahre 1930 üblich geworden waren, fort, so dass die konservativen Steigbügelhalter sich in ihrer Meinung bestätigt sahen, Hitler für ihre Zwecke einzuspannen. Der totale Machtanspruch der NS-Bewegung war damit völlig unterschätzt worden.

Der Bruch mit der Weimarer Rechtsordnung wurde spätestens mit dem sogenannten Ermächtigungsgesetz vom 23. März 1933 deutlich, mit dem unter anderem individuelle Freiheitsrechte eingeschränkt und der Reichsregierung das Recht zur Gesetzgebung übertragen wurden.

Was folgte, war die endgültige Ausschaltung jeglicher politischer Opposition, mit der schon im Februar 1933 begonnen worden war, und gleichzeitig die Verwirklichung des Programms zur Herstellung einer Volksgemeinschaft, in der gemäß der Ideologie der Nationalsozialisten kein Platz für abweichendes Verhalten und für sogenannte *fremde Rassen* war. In diesem Sinne waren zunächst einmal die Juden die Fremden, dann diejenigen, denen man im Einzelfall die Herkunft aus der »Fremde« anzusehen glaubte, wenn sie sich von der Hautfarbe mehr oder minder deutlich von der mitteleuropäischen Bevölkerung unterschieden: die dunkelhäutigen Nachkommen schwarzafrikanischer Besatzungssoldaten und die »Zigeuner«. Aus ihnen, den Sinti und Roma und den Juden – wie aus den osteuropäischen Slawen –, machte die NS-Propaganda Untermenschen, die es zu vertreiben, zu verjagen, letztlich zu vernichten galt.

Diese Ideologie der rassistisch begründeten Volksgemeinschaft strebte die NS-Regierung nach der Machtübertragung an zu verwirklichen, ohne dass die einzelnen Schritte, die zur Vernichtung von Sinti und Roma, Juden, und anderen führten, schon im Detail ausformuliert waren. Musste das NS-Regime gegen die Juden dabei ein eigenes Gesetzgebungswerk erstellen, weil offiziell die Juden seit dem letzten Drittel des 19. Jahrhundert gesetzlich emanzipiert waren, so konnte es gegenüber den Sinti und Roma zum Teil an die Gesetzgebung des Kaiserreichs und der Weimarer Republik ansetzen. Dennoch sollte der gravierende Unterschied zwischen der antiziganistischen Gesetzgebungs- und Verordnungspolitik der Jahre vor 1933 und nach 1933 nicht übersehen werden. Selbst das autoritär strukturierte Kaiserreich war ein Rechtsstaat, in dem das Recht nicht einem Führer unterstand, sondern der Rechtsidee, dass alle Staatsbürger das gleiche Recht hatten. Auch wenn diese Rechtsvorstellungen zum Teil in Zigeunergesetzen Bayerns und des Volksstaats Hessen in der Weimarer Republik ausgehöhlt wurden, blieb den einzelnen Sinti und Roma immer noch theoretisch die Möglichkeit der Klage. Zudem wurde die Verfassungskonformität dieser beiden Gesetze mit der Reichsverfassung öffentlich angezweifelt.[58] In der Verordnungs- und Gesetzgebungspolitik des nationalsozialistischen Staates gegenüber den Sinti und Roma gab es einerseits Kontinuität, anderseits war aber der Bruch so groß wie er nur denkbar ist: in einem Unrechtsstaat wurden Bevölkerungsgruppen ausgrenzt bis hin zur Vernichtung. In der Weimarer Republik gab es Ausnahmegesetze gegen Sinti und Roma, doch deren Existenzrecht wurde nie in Frage gestellt. Nicht die Gesetze machen den Rechtsstaat aus, sondern die Grundlage, auf der die Gesetze und Verordnungen formuliert und durchgesetzt werden.

Wie die sogenannte »Machtergreifung« in Hanau ablief, ist recht genau bei GERHARD FLÄMIG in seinen Büchern über die Zeit des Nationalsozialismus beschrieben worden, so dass dies hier nicht alles wiederholt werden muss.[59] In vieler Hinsicht unterschied sich dabei Hanau nicht von anderen Städten.

Bemerkenswert ist aber, dass bei den Wahlen zum Deutschen Reichstag und zum Preußischen Landtag die gespaltene politische Linke in der Stadt Hanau und im Landkreis Hanau gemeinsam mehr Stimmen erhielt als die NSDAP und dass die quasi verbotene KPD mehr Stimmen als die SPD auf sich zog. Zählt man alle Stimmen, die weder nationalsozialistisch noch deutschnational waren, zusammen, so hatten die Oppositionsparteien des Reiches in der Stadt Hanau rund 3.000 Stimmen (bei insgesamt rund 27.000 Stimmen) mehr als die Regierungskoalition, im Landkreis waren es sogar über 5.500 Stimmen bei etwas mehr als 35.000 abgegebenen Stimmen.

Die fehlende Mehrheit für die Nationalsozialisten in Hanau hielt diese nicht davon ab, ihre rassistische Politik auch hier umzusetzen. Auch änderte sich die Haltung schon eine Woche später bei den Kommunalwahlen am 12. März 1933.

In der Stadt Hanau erzielten die Nationalsozialisten 17 von 35 Sitzen, was bei der Suspendierung der 9 KPD-Sitzen die absolute Mehrheit bedeutete. Die »Machtergreifung« in Hanau ermöglichte es dem Stadtparlament in seiner Sitzung vom 28. März 1933, Adolf Hitler zum Ehrenbürger der Stadt wählen zu lassen.[60]

Das vorläufige amtliche Wahlergebnis

	Reichstag				Landtag			
	Stimmen		Mandate		Stimmen		Mandate	
Nationalsozialisten	17 265 803	(11 737 015)	288	(196)	10 309 483	(8 008 200)	207	(162)
Sozialdemokraten	7 176 005	(7 247 959)	120	(131)	3 961 261	(4 684 900)	79	(93)
Kommunisten	4 845 379	(5 980 163)	79	(100)	3 135 936	(2 819 600)	63	(57)
Zentrum	4 423 161	(4 230 644)	71	(70)	3 368 020	(3 374 400)	67	(67)
Schwarz-Weiß-Rot	3 132 595	(2 959 051)	52	(52)	2 109 546	(1 524 900)	43	(31)
Bayerische Volkspartei	1 072 893	(1 094 597)	20	(20)	—	—	—	—
Deutsche Volkspartei	432 105	(661 794)	*)	(11)	242 610	(230 800)	**)	(7)
Christl.-Soz.-Volksdienst	384 116	(403 674)	*)	(5)	215 293	(255 000)	**)	(2)
Staatspartei	333 497	(336 451)	6	(2)	164 763	(332 400)	3	(2)
Deutsche Bauernpartei	114 231	(149 002)	*)	(3)	—	—	—	—
Württemb. Bauernbund	83 828	(105 216)	*)	(2)	—	—	—	—
Deutsch-Hannoveraner	47 723	(63 970)	*)	(1)	71 072	(63 800)	**)	(1)
Mit Hindenburg	—				206 909		**)	

(Die geklammerten Zahlen sind die Ergebnisse der Reichstagswahl vom 6. November 1932, bzw. der Landtagswahl vom 24. April 1932 und die Mandate auf Grund der letzten Reichstagswahl, bzw. Landtagswahl.

Bei der Reichstagswahl vom 6. November 1932 erhielten weiter: die Wirtschaftspartei, die für gestern keine Liste aufgestellt hatte, 110 301 Stimmen (1 Mandat); ferner die übrigen kleinen Parteien 391 830 Stimmen (kein Mandat), insgesamt also 35 471 787 Stimmen mit 584 Mandaten.

Bei der Reichstagswahl vom 31. Juli 1932 erhielten: Nationalsozialisten 13 745 780 Stimmen (230 Mand.), Sozialdemokraten 7 959 712 (133 Mandate), Kommunisten 5 282 628 (89 Mandate), Zentrum 4 589 336 (75 Mandate), Deutschnationale 2 177 414 (34 Mandate), Bayerische Volkspartei 1 192 684 (22 Mandate), Deutsche Volkspartei 436 016 (7 Mandate), Christlich-Soziale 364 542 (3 Mandate), Staatspartei 371 799 (4 Mandate), Deutsche Bauernpartei 137 133 (2 Mandate), Württemberg. Bauern 96 851 (kein Mandat), Hannoveraner 46 929 (kein Mandat), Sonstige Parteien 681 534 (3 Mandate), insgesamt also 36 882 354 Stimmen mit 608 Mandaten.

*) Die Ausrechnung der kleineren Parteien kann erst auf Grund genauer Berechnungen der Listen- und Wahlkreisverbindungen erfolgen. Nur bei der Staatspartei läßt sich schon jetzt sagen, daß diese Partei durch ihre Verbindung mit der Sozialdemokratie 6 Mandate erhalten wird.
**) Auch hier können die Mandate der kleinen Parteien noch nicht errechnet werden. Im ganzen wird der Landtag 465—470 Mandate umfassen, von denen 250 auf die Regierungsmehrheit entfallen.

Das Ergebnis in Hanau-Stadt und -Land

Bei den gestrigen Reichs- und Landtagswahlen erhielten in Hanau-Stadt und -Land:

	Stadtkreis				Landkreis			
	Reichstag		Landtag		Reichstag		Landtag	
Nationalsozialisten	10 598	(7 273)	10 276	(8 188)	14 057	(10 530)	13 819	(10 803)
Sozialdemokraten	3 891	(3 826)	3 733	(4 063)	7 756	(7 629)	7 514	(7 396)
Kommunisten	7 119	(7 876)	7 017	(6 593)	9 752	(10 841)	9 651	(9 592)
Zentrum	2 566	(2 124)	2 257	(1 960)	2 611	(2 429)	2 575	(2 290)
Schwarz-Weiß-Rot	1 368	(1 256)	1 291	(706)	700	(797)	662	(570)
Radikaler Mittelstand	—	—	62	(409)	—	—	41	(389)
Deutsche Volkspartei	885	(1 459)	885	(1 053)	278	(357)	281	(294)
Christl.-Soz.-Volksdienst	510	(336)	510	(536)	392	(384)	396	(432)
Staatspartei	408	(355)	402	(619)	198	(136)	187	(296)
Deutsche Bauernpartei	5	—	—	—	14	—	—	—
Mit Hindenburg	—		277		—		372	

Die geklammerten Zahlen sind die Ergebnisse der Reichstagswahl vom 6. November 1932, bzw. der Landtagswahl vom 24. April 1932.

Hanauer Anzeiger vom 6. März 1933

48

Der Siegeszug der Nationalsozialisten

Die Nationalsozialisten setzen bei den Kommunalwahlen ihren Siegeszug fort — Fast überall absolute Mehrheit der Regierungsparteien — In vielen Fällen absolute Mehrheit der Nationalsozialisten, auch im Kommunallandtag Kassel — Absolute Mehrheit der Regierungsparteien in Staatsrat und Reichsrat gesichert

Das Ergebnis der Hanauer Stadtverordnetenwahl

Bei der gestrigen Stadtverordnetenwahl in Hanau erhielten:

	Stimmen	Reichtagstw. 5. 3. 1933	Sitze	Bisherige Sitze
Nationalsozialisten . .	9 494	(10 599)	17	—
Sozialdemokraten . . .	3 190	(3 892)	5	8
Kommunisten . . .	5 510	(7 126)	9	9
Zentrumspartei . . .	1 747	(2 266)	3	3
Schwarz-Weiß-Rot . .	887	(1 368)	1	1
Deutsche Volkspartei . .	471	(885)	—	6
Christlich-Soz. Volksdienst	332	(510)	—	—
Staatspartei	385	(408)	—	2
Handwerk und Gewerbe .	397	(—)	—	2
Haus- und Grundeigentümer	1 107	(—)	1	—
Radikaler Mittelstand	78	(—)	—	—

Die Liste Vereinigter Mittelstand, auf die bei der letzten Stadtverordnetenwahl 5 Sitze entfielen, war diesmal nicht vertreten.

Hanauer Anzeiger vom 13. März 1933

49

Verschärfte Diskriminierung und Einbeziehung der Sinti und Roma in die nationalsozialistische Rassengesetzgebung

Fast überall im Deutschen Reich wurden im März 1933 jüdische Gewerbetreibende, Rechtsanwälte, Ärzte oder Kaufleute bedroht oder misshandelt, so dass ausländische Gesandtschaften beim Auswärtigen Amt in Berlin vorstellig wurden und ein Großteil der ausländischen Presse die kriminellen Aktionen scharf verurteilte.

Die rassistisch begründeten Aktionen fanden im März/April 1933 ihre Fortsetzung: am 1. April sollte – so die offizielle Version der Nationalsozialisten – gegen die »Boykotthetze« der Juden vorgegangen werden, indem SA-Männern Kunden den Zugang zu Geschäften verwehrten, deren Besitzer Juden waren.[61] Auch jüdische Ärzte und Rechtsanwälte sollte »boykottiert« werden. Dies war eine von der NSDAP zentral gelenkte Aktion.

Auf der ersten Seiten seiner Ausgabe vom 29. März 1933 kündigte der HANAUER ANZEIGER diese Aktion an als: *Die Abwehr der Lügenhetze. Das Abwehrwehrprogramm der Nationalsozialistischen Partei gegen die Greuelpropaganda im Ausland – Boykott jüdischer Geschäfte ab Samstag vorgesehen.*[62]

Am 30. und 31. März wurden die Aufrufe noch einmal wiederholt.[63]

Dass die NSDAP hier nicht gegen etwaige Verleumdungen aus dem Ausland vorging, sondern dass sie es darauf anlegte, Juden zu diskriminieren und ihnen zu drohen, haben Hanauer Bürgerinnen und Bürger nur wenige Tage später – am 7. April 1933 – lesen können.

Es ging Hitler und der NSDAP um nichts weniger als die *Reinigung des Volkes [...] von fremdstämmigem Einfluß und rassenfremder Durchsetzung.*

Das lässt sich auf die Juden, aber auch auf die Sinti und Roma beziehen.

Raffe und Volk

Grundfäßliche Ausführungen des Reichskanzlers

Berlin, 6. April. Reichskanzler Adolf Hitler berief den Kommissar der ärztlichen Spitzenverbände. Dr. Wagner, zur Berichterstattung über die Gleichschaltung der Ärzteschaft. Danach empfing er Vertreter der Vorstände der Aerztefchaft unter Führung von Geheimrat Dr. Stauber (Nürnberg). Nachdem Dr. Stauber dem Reichskanzler für den Empfang gedankt und die Bereitschaft der gleichgeschalteten Aerzteorganisation zur Mitarbeit unterstrichen hatte, machte Reichskanzler Hitler ausführliche Darlegungen über seine Absichten zur Reinigung des Volkes und namentlich der intellektuellen Schicht von fremdstämmigem Einfluß und rassenfremder Durchsetzung. Er betonte, daß man durch Ausmerzen der Uebergahl jüdischer Intellektueller aus dem Kultur- und Geistesleben Deutschlands dem natürlichen Unrecht Deutschlands auf arteigene geistige Führung gerecht werden müsse. Die größten Leistungen des geistigen Lebens seien niemals von Rassefremden, sondern von arischen deutschen Geistesfräften vollbracht worden. Bei der Begrenztheit des Lebensraumes der Geistesarbeit und ihrer Träger hätten die eigenen Volksgenoffen ein natürliches moralisches Unrecht auf Bevorzugung. Die Zulassung eines im Verhältnis zum Volksganzen zu großen Anteils fremdstämmiger Elemente würde als Anerkennung der geistigen Ueberlegenung anderer Rassen gedeutet werden müssen, die mit aller Entschiedenheit abzulehnen sei.

Amerika, das vor anderen Ländern zum Träger einer starken Gegenbewegung geworden sei, habe am allerwenigsten zu einer solchen Abwehr Veranlassung. Das amerikanische Volk habe zuerst aus der Verschiedenwertigkeit und Unterungen gezogen und durch seine Einwanderungsbestimmungen den unerwünschten Zugang solcher Rassenangehöriger ferngehalten. Amerika sei keineswegs bereit gewesen, jetzt die Tore für etwa aus Deutschland „flüchtende" Juden zu öffnen, denen in Wirklichkeit in Deutschland kein Haar gekrümmt worden sei.

Der Reichskanzler erkannte die Not an, die im ärztlichen Stande und insbesondere in der ärztlichen Jugend vielfach herrsche. Gerade dieser deutschen Jugend müsse Lebensraum und Arbeitsmöglichkeit durch eine tatkräftige Zurückdrängung fremdrassiger Elemente geschaffen werden. Die Förderung der geistigen Berufe hänge ab von deren Mitarbeit am Aufbau des autoritären, gereinigten, starken deutschen Staatswesens. Die rassenhygienische Reinigungsarbeit soll ein festes Fundament für die künftige völkische Entwicklung schaffen. Die deutsche Aerzteschaft sei dazu berufen, an diesem Werk durch wissenschaftliche Forschung, Volksaufklärung und praktisches Wirken mitzuarbeiten.

Hanauer Anzeiger vom 7. April 1933

Der nach dem 7. April 1933 beginnende Ausschluss von »Nicht-Ariern« aus dem öffentlichen Dienst zeigte die Richtung der NS-Rassenpolitik.

Sinti und Roma waren weder auf Reichsebene noch in der Stadt Hanau in diese Aktionen gegen die deutschen Juden miteinbezogen; denn die Bestimmungen aus den Jahren der Weimarer Republik oder aus dem Kaiserreich reichten aus, die Bevölkerungsgruppe der Sinti und Roma zu diskriminieren, so dass man auf den ersten Blick von einer Kontinuität der Diskriminierungspolitik sprechen könnte.

Dennoch veränderte sich für die Sinti und Roma die Lage sehr schnell, denn die verschärfte Anwendung der Gesetze und Erlasse wird ebenso deutlich wie der gleichzeitige Bruch mit rechtsstaatlichen Traditionen. Einzelne Länder wie Bremen, Baden oder Thüringen erließen in der Phase der Gleichschaltung Gesetze und Verordnungen, die die »Zigeuner« nicht nur diskriminierten, sondern sie als Gruppe kriminalisierten.

Die ersten Maßnahmen, die im Regierungsbezirk Kassel gegen »Zigeuner« eingeleitet wurden, standen in der Tradition des autoritären Staates. Nicht ausschließlich gegen diese gerichtet, wurden Sinti und Roma doch von den verschärften Erlassen bzw. von den verschärften Fahndungen erfasst und betroffen.

Eine weitere wesentliche Verschärfung der rassistischen Diskriminierung mussten Juden und – oft übersehen – Sinti und Roma durch die Nürnberger Gesetze erleiden. Am 15. September 1935 verabschiedete der seit dem Ermächtigungsgesetz aus dem Jahre 1933 rechtlose Deutsche Reichstag einstimmig zwei entscheidende Gesetze, die vor allem die Juden von den *Staatsbürgern deutschen Blutes* trennen sollten.

Im sogenannten Reichsbürgergesetz hieß es unter anderem:

(1) Reichsbürger ist nur der Staatsangehörige deutschen oder artverwandten Blutes, der durch sein Verhalten beweist, dass er gewillt und geeignet ist, in Treue dem Deutschen Volk und Reich zu dienen.

Ergänzt wurde das Reichsbürgergesetz durch das *Gesetz zum Schutz des deutschen Blutes und der deutschen Ehre vom 15. September 1935*, das *Eheschließungen zwischen Juden und Staatsangehörigen deutschen oder artverwandten Blutes* verbot.

Die Hanauer Bürgerinnen und Bürger wurden durch die Tagespresse ausführlich am 17. September 1935 informiert.[64]

Der Reichs= und Preußische
Minister des Innern

Nr. I B (I B 3/429)

Es wird gebeten, dieser Geschäftsnachrichten und den
Gegenstand bei weiteren Schreiben anzugeben

Berlin NW 40, den 3. Januar 1936.
Königsplatz 6.

Fernsprecher: Amt I, II, IV, VI, VII-Sammel-Nr. A 1 Jäger 0027,
Amt II, III, V (Unter den Linden 72—74) Sammel
Nr. A 2 Flora 0034.
Drahtanschrift: Reichsinnenminister.

Vertraulich!

An
die Landesregierungen.

In Preußen: An die Standesbeamten und
ihre Aufsichtsbehörden.

Nachrichtlich: An die Gesundheitsämter.

(1) Nach § 6 der Ersten Ausführungsverordnung zum Blutschutzgesetz soll eine Ehe nicht geschlossen werden, wenn aus ihr eine die Reinerhaltung des deutschen Blutes gefährdende Nachkommenschaft zu erwarten ist. Diese Vorschrift verhindert Eheschließungen zwischen Deutschblütigen und solchen Personen, die zwar keinen jüdischen Bluteinschlag aufweisen, aber sonst artfremden Blutes sind. Den Deutschblütigen sind dabei insoweit die jüdischen Mischlinge mit einem volljüdischen Großelternteil (Mischlinge zweiten Grades) gleichzustellen.

(2) Bei der Anwendung dieser Bestimmung sind folgende Punkte besonders zu beachten:

a) Das deutsche Volk setzt sich aus Angehörigen verschiedener Rassen (nordische, fälische, dinarische, ostische, westische, ostbaltische) und ihren Mischungen untereinander zusammen. Das danach im deutschen Volk vorhandene Blut ist das deutsche Blut.

b) Dem deutschen Blute artverwandt ist das Blut derjenigen Völker, deren rassische Zusammensetzung der deutschen verwandt ist. Das ist durchweg der Fall bei den geschlossen in Europa siedelnden Völkern und denjenigen ihrer Abkömmlinge in anderen Erdteilen, die sich nicht mit artfremden Rassen vermischt haben.

c) Zu den artfremden Rassen gehören alle anderen Rassen, das sind in Europa außer den Juden regelmäßig nur die Zigeuner.

(3) Im Interesse der notwendigen Reinerhaltung des deutschen Blutes können Eheschließungen, die dem deutschen Blute artfremdes Blut zuführen, jedenfalls dann nicht gebilligt werden, wenn es sich dabei im Einzelfall um eine starke Zufuhr artfremden Blutes handelt. Diese Folgerung entspringt nicht der Auffassung, daß das deutsche Blut höherwertig ist als das artfremde Blut, sondern der Erkenntnis, daß es andersartig ist, so daß eine Mischung sowohl dem deutschen wie dem artfremden Blut nachteilig ist. Grundsätzlich muß daher daran festgehalten werden, daß jede Eheschließung zwischen einer deutschblütigen und einer reinrassigen Person artfremden Blutes eine Gefährdung des deutschen Blutes darstellt. Das gleiche muß aber auch gelten, wenn eine deutschblütige Person einen Mischling mit zur Hälfte artfremdem Blute heiraten will. Dagegen wird regelmäßig bei einem Mischling mit einem Viertel oder noch weniger artfremdem Blute ein Bedenken gegen die Eheschließung mit einer deutschblütigen Person nicht zu erheben sein. Dies gilt jedoch nicht, wenn der Mischling einen Einschlag von Negerblut hat. Das Negerblut wirkt so stark, daß es häufig noch in der 7. oder 8. Generation äußerlich deutlich in Erscheinung tritt. Bei einem Einschlag von Negerblut ist daher im Einzelfall eine besonders scharfe Prüfung anzustellen und je nach Ausfall zu entscheiden, ob die Eheschließung zulässig ist oder nicht. In Zweifelsfällen ist vor der Entscheidung auf dem Dienstwege an mich zu berichten.

Wenden!

*Vertrauliches Schreiben des Reichsinnenministers
zur Umsetzung der Nürnberger Gesetze, 1936[68]*

Diese Gesetze wurden auch auf Sinti und Roma erweitert, weil sie entsprechend den rassenpolitischen Vorstellungen der Nationalsozialisten nicht »deutschblütig« waren. Sinti und Roma gehörten demnach als sogenannte »Artfremde« nicht der deutschen Volksgemeinschaft an. Im Kommentar zu den Gesetzen hieß es dann: *In Europa sind regelmäßig nur Juden und Zigeuner artfremden Blutes.*[65]

Ehen zwischen Sinti und Roma und Nicht-Sinti und Roma waren damit verboten, und die Standesbeamten waren angewiesen, diese zu unterbinden, wenn sie erfuhren, dass einer der zukünftigen Ehepartner nicht »reinblütiger Deutscher« im obigen Sinne war. Das Mittel der Überprüfung war die Herbeibringung von Ehetauglichkeitszeugnissen, mit deren Hilfe dann die Ehebefähigung festgestellt oder im Einzelfall bestritten wurde. Als Ablehnungsgrund diente ausschließlich die »rassische« Herkunft.[66]

Das heißt, dass spätestens seit 1935/36 die Sinti und Roma in die nationalsozialistische Rassenpolitik einbezogen waren.

So durfte Anton D. seine Verlobte, die als »deutschblütig« bezeichnete Lisette B. 1938 nicht heiraten. Er hatte mit ihr dennoch zwei Kinder. Das Jüngste wurde knapp sechs Wochen nach seiner Ermordung in Auschwitz in Hanau geboren.[67]

Eine Pressekampagne und die verstärkte Diskriminierung nach 1936

Um die Bevölkerung stärker gegen die von den Nationalsozialisten als »außereuropäische Minderheiten« definierten Juden und »Zigeuner« einzunehmen, wurde in einem Erlass vom Dezember 1935 vorgeschrieben, dass bei jeder Straftat, die ein Jude oder ein »Zigeuner« begehe, die ethnische Zugehörigkeit zu nennen sei. Ziel dieser Vorschrift war es, schon vorhandene Vorurteile gegen die als »geldgierig« beschriebenen Juden oder als »gaunerisch« bezeichneten Zigeuner zu verstärken.

Entsprechend dieses Erlasses finden sich in der deutschen Presse sehr viele Artikel gegen Juden, aber auch gegen die vermeintlichen Devisenvergehen katholischer Geistlicher und Artikel wegen angeblicher sexueller Übergriffe von Ordenspersonen.

Besonders im ersten Halbjahr 1936 wurden überall in Deutschland eine Reihe von Berichten über angebliche Straftaten von »Zigeunern« oder über Verbrechen, die einzelne begangen hatten oder derer sie nur beschuldigt wurden, publiziert. Als Anlass diente ein Prozess wegen Devisenvergehen einzelner, nichtdeutscher Roma in Frankfurt. Über mehrere Monate tauchten immer wieder Artikel auf, die die »Kriminalität der Zigeuner« belegen sollten. PETER SANDNER spricht in seinem Buch über die Verfolgung der Sinti und Roma in Frankfurt von einer »Inszenierung«[69], die den Zweck hatte, Ressentiments und Vorurteile zu reaktivieren, die weitere Verschärfungen der Politik gegen Sinti und Roma akzeptabel machen sollten.[70]

Für die beunruhigte Bevölkerung werden dann für die Zeit ab Mitte 1936 Maßnahmen der Regierung versprochen, die dem vermeintlichen oder realen Ordnungs- und Sicherheitsbedürfnis der Bevölkerung Genüge tun würden. Im Sommer 1936 konnten dann dem Publikum *Neue Erfolge im Kampf gegen das Zigeunerunwesen* verkündet werden.

In einem Artikel von 22. Juni 1936 heißt es über den Runderlass des Reichs- und Preußischen Ministers des Innern vom 6. Juni 1936 u.a.:

Ausländische Zigeuner sind am Uebertritt auf deutsches Gebiet zu hindern und in Deutschland angetroffene ausländische Zigeuner auszuweisen. Bei inländischen Zigeunern soll das Bestreben darauf gerichtet sein, sie an einem bestimmten Ort seßhaft zu machen, um die polizeiliche Ueberwachung zu erleichtern. Der Minister empfiehlt im einzelnen Zurückhaltung in der Ausstellung von Wandergewerbescheinen, Ueberweisung verwahrloster Zigeunerkinder in Fürsorgeerziehung, Ueberwachung der öffentlichen Märkte, besonders der Pferdemärkte, Zerstreuung und Entwaffnung von Zigeunerbanden, die eine Bedrohung der öffentlichen Sicherheit und Ordnung bilden, Feststellung der Identität festgenommener Zigeuner und Durchführung des Fingerabdruckverfahrens.[71]

Was diesen hier zitierten Erlass so wichtig macht, ist vor allem die Tatsache, dass im Jahre 1936 nicht mehr allein kriminalpolitische Interessen formuliert werden, sondern sogenannte *staatspolitische* Interessen des rassistischen nationalsozialistischen Staates, der »Sicherheit und Ordnung« vorschiebt, um eine Minderheit als gefährlich erscheinen zu lassen. Wenn jetzt von Ansiedlung oder Sesshaftmachung der Zigeuner gesprochen wird, steht nicht ein sozialpolitischer Gedanke dahinter, sondern es geht vorzugsweise um die polizeiliche Überwachung und auch Erfassung. Sie sollen aber nicht allein wegen der unterstellten oder zu erwartenden Straftaten überwacht werden, sondern weil der nationalsozialistische Staat die Sinti und Roma als das *fremde Zigeunervolk* ausgrenzen will. Hier sollte erwähnt werden, dass fast alle Hanauer Sinti, die dem ambulanten Handel und Gewerbe nachgingen, in Wohnungen lebten. Der Runderlass – geschaffen für die sogenannte Sesshaftmachung – hatte zwar eine politische oder öffentliche Bedeutung, nicht aber für die unmittelbare Lebenswirklich der in Hanau wohnenden Sinti. Sie waren sesshaft.

Aus dem Runderlass des Reichs- und Preußischen Ministers des Innern vom 6. Juni 1936, betr. Bekämpfung der Zigeunerplage[72]

(1) Die unstet im Lande umherziehenden, hauptsächlich von Diebstahl, Betrug und Bettel lebenden Zigeuner bilden, insbesondere für das platte Land, noch immer eine Plage. Es fällt schwer, das dem deutschen Volkstum fremde Zigeunervolk an ein geordnetes und gesittetes, auf ehrlichem Erwerb beruhendes Leben zu gewöhnen. Gleichwohl dürfen die Bemühungen der Behörden, insbesondere der Pol.-Behörden, der Zigeunerplage Herr zu werden, nicht erlahmen.

(2) Ich ersuche daher, mit allen gesetzlichen, insbesondere polizeilichen Mitteln dem Übelstande entgegenzuwirken.

A. Ausländische Zigeuner sind am Übertritt auf Deutsches Gebiet zu hindern, in Deutschland angetroffene ausländische Zigeuner sind auszuweisen.

B. Bei inländischen Zigeunern und nach Zigeunerart umherziehender Personen muss das Bestreben der Behörden darauf gerichtet sein, sie an einem bestimmten Ort seßhaft zu machen. Die polizeiliche Überwachung wird dadurch erleichtert und das Vagabundieren erschwert.

(3) Hierbei bitte ich, auf folgendes zu achten:

*a) **Zurückhaltung** in der Ausstellung von Wandergewerbescheinen (vg. RdErl. v. 17.2.1906 Ziff.9, MinBliV.S.53, v.4.2.1911, MinBliV. S.98 und v.12.10.1912, MinBliV.S.337).*

b) Feststellung, ob die Zigeunerkinder der Schulpflicht genügen und Überweisung verwahrloster Zigeunerkinder in Fürsorgeerziehung.

c) Überwachung der öffentlichen Märkte, insbesondere der Pferdemärkte.

d) Zerstreuung von Zigeunerbanden, die eine Bedrohung der öffentlichen Sicherheit und Ordnung bilden. Wegnahme etwa in ihrem Besitz befindlicher Waffen.

e) Feststellung der Identität sistierter Zigeuner. Durchführung des Fingerabdruckverfahrens bei Zigeunern (vgl. RdErl. v.3.11.1927, MinBliV. S.1045). Es empfiehlt sich, von Zeit zu Zeit bezirksweise, oder für ganze Landesteile Razzien auf Zigeuner zu veranstalten, sowie an den allgemeinen Fahndungstagen auch die Zigeuner in die polizeiliche Überwachung mit einzuschließen. Eine möglichst genaue Feststellung der Identität der sistierten Personen ist nicht nur aus kriminalpolizeilichen, sondern auch aus staatspolitischen Gründen erwünscht.

f) Rücksichtsloses Einschreiten gegen alle von umherziehenden Zigeunern begangenen Straftaten, wobei im besonderen auf die Vorschriften des § 361 in Verbindung mit § 42 d. StGB hingewiesen wird. Schon bei der Einlieferung der Straffälligen ist in allen dazu geeigneten Fällen neben der Bestrafung die Unterbringung in einem Arbeitshause bei den Justizbehörden zu beantragen.

Die Nürnberger Rassegesetze reichten hier nicht aus; es fehlten die formalgesetzlichen Grundlagen. So blieb es dann bis 1938 bei einzelnen Aktionen gegen Sinti und Roma, weil sie als »Zigeuner« angesehen wurden, während gleichzeitig die jungen »Rasseforscher« mit der Unterstützung von Partei und NS-Regierung begannen, die dubiosen und gemeingefährlichen Ergebnisse ihrer Untersuchungen zu verbreiten.

Vorschläge für ein »Reichszigeunergesetz«, wie sie seinerzeit von einem Referenten des Reichsinnenministers gemacht wurden[73], fanden keine Verwirklichung, deuteten aber die Richtung an, in welche weitergedacht wurde. In diesen Ausführungen wurde vor allem von einem »Wandertrieb der Zigeuner« gesprochen, wie er den Sinti und Roma seit Jahrhunderten unterstellt wurde. Und um diesem »Trieb« entgegenzuwirken, wurde eine verschärfte rassistische Erfassung aller Sinti und Roma vorgeschlagen.

Welche Rolle in diesem Prozess der Erfassung und Vorbereitung zur Eliminierung die sogenannten Rassenforscher spielten, konnten die Hanauer Bürger am 18. Juli 1937 zum Beispiel im HANAUER AN-ZEIGER lesen.

In einem größeren Artikel wurde die Besprechung einer Dissertation von Dr. Finger lanciert, die am Institut für Erb- und Rassenpflege in Gießen entstanden war. Der NS-Rassist Finger propagierte Unfrucht-barmachung aller sogenannter »Erbminderwertiger« und nannte in diesem Zusammenhang die »Zigeuner«.

> **Der Mensch**
> ist zu allererst durch seine Erbanlagen bestimmt, erst in zweiter Linie wirkt die Erziehung und die Umwelt.
>
> Mit welch schicksalhafter Gesetzmäßigkeit ein schlechtes Erbgut durch Generationen hindurch weitergegeben wird, das zeigen die jüngst erschienenen Untersuchungseregbnisse von Dr. med. Finger, Gießen, einem Mitarbeiter des Rassenpolitischen Amtes. In der Schriftenreihe des Institutes für Erb- und Rassenpflege, Gießen, die der Leiter des Rassenpolitischen Amtes Gau Hessen-Nassau, Professor Dr. Kran herausgibt, veröffentlichte Dr. Finger seine „Studien an zwei asozialen Zigeuner-Mischlingssippen", die in ihrer ersten Auflage bereits vergriffen sind. — Daß ein so reges Interesse für diese Arbeit herrscht, beweist, wie sehr heute schon in weiten Volkskreisen das Bedürfnis vorhanden ist, sich über diese Fragen und Zusammenhänge zu unterrichten und sie zu begreifen. Bedürfte es noch irgend eines Beweises für die Notwendigkeit der Unfruchtbarmachung Erbminderwertiger, dann ist er hier in eindrucksvoller Weise erbracht.

Auszug aus dem Artikel »Verbrechen als Schicksal« im Hanauer Anzeiger vom 18. Juli 1937

Für die Jahre 1936 bis Mitte 1938 lassen sich jedoch nur wenige verlässliche Aussagen über die Maßnahmen der Behörden gegenüber den

Sinti und Roma machen. Aber es lässt sich zeigen, dass die Ortspolizeien und Gendarmerien die Überwachung von Sinti und Roma durchaus ernst nahmen. Gewerbetreibende Sinti und Roma wurden von Ort zu Ort gemeldet, am Ortsrand in Empfang genommen und sogleich wieder abgeschoben, wohl mit dem Ziel, dass sich keine weiteren Sinti und Roma in und um Hanau niederließen.

Die »Sonderaktionen« vom Juni 1938

Etwa gleichzeitig mit dem Runderlass vom 6. Juni 1936 wurde die weitere Zentralisierung der Polizei in Deutschland bekannt gegeben. Bis zu diesem Zeitpunkt hatten die Länder die jeweilige Polizeihoheit. Durch einen Erlass vom 17. Juni 1936 wurde Heinrich Himmler, Reichsführer der SS, zum Chef der deutschen Polizei im Reichsministerium des Innern ernannt. Jetzt waren alle Polizeimaßnahmen zentral lenkbar.

Sofort wurden unter anderem durch verschiedene Erlasse und Verfügungen Maßnahmen gegen die »Zigeuner« verschärft.

Alle Daten, die bereits gesammelt waren und noch wurden, sollten im Reichskriminalpolizeiamt – ab dem 1. Oktober 1938 in Berlin in der sogenannten »Reichszentrale zur Bekämpfung des Zigeunerunwesens« – zusammengefasst werden. Die Ortspolizeibehörden und ihre Mitarbeiter wurden zudem seit 1939 verpflichtet, die »sesshaften und nichtsesshaften Zigeuner und nach Zigeunerart umherziehenden Personen« zu überwachen. Die Kriminalpolizeistellen mussten zudem einen Sachbearbeiter für die Überwachung der Sinti und Roma abstellen.

Wie sich die Lage für Sinti und Roma in Deutschland und somit auch in den einzelnen Orten verschlechterte, zeigen die verschiedenen »Aktionen«, denen die »Zigeuner« ausgesetzt waren.

Offiziell richteten sich die Fahndungen gegen »Arbeitsscheue« oder »Asoziale« im Sinne der nationalsozialistischen Ordnung. Das waren sowohl Menschen, die sich weigerten, in bestimmten Betrieben zu arbeiten, wie letztlich fast alle, die freiberuflich als Musiker, Korbmacher oder Händler tätig waren. Betroffen waren bei den Razzien neben Sinti und Roma auch Juden.

In einer zentral gelenkten, bis zum letzten Tag geheim gehaltenen Aktion ging die deutsche Kriminalpolizei in der Woche vom 13. bis zum 18. Juni 1938 gegen sogenannte »Asoziale« im Rahmen der *Vorbeugenden Verbrechensbekämpfung* vor, wie es in der offiziellen Begründung hieß.[74] Schon im März 1938 hatte es eine ähnliche, nicht ganz so breit angelegte Razzia gegeben, die aber keinen Niederschlag in Hanau gefunden hatte.

Anfang Juni 1938 hatte ein von Himmlers Stellvertreter Reinhard Heydrich unterzeichneter Schnellbrief aus dem Reichskriminalpolizeiamt die jeweiligen Kriminalpolizeileitstellen erreicht. Für Hanau war die Kriminalpolizeileitstelle Frankfurt zuständig. In diesem als *streng vertraulich* klassifizierten Schreiben werden verschiedene Ziele der NS-Politik miteinander verknüpft. Die Lösung des Arbeitskräftemangels wurde mit der Verschärfung der Strategie gegen die sogenannten »Artfremden« – die Sinti und Roma wie die Juden – verbunden. Daneben ist auch die Einschüchterung eines Teils der Bevölkerung, der zu sogenanntem »asozialen Verhalten« neige, zu erkennen, wie auch dem »Law- und Order«-Wunsch eines größeren Teils der Bevölkerung Rechnung getragen wurde.

In dem Schreiben kommt Heydrich zu einem Hauptthema der Aktion: dem Arbeitskräftemangel in der Phase der Vorbereitung auf den Krieg:

Die straffe Durchführung des Vierjahresplanes erfordert den Einsatz aller arbeitsfähigen Kräfte und lässt es nicht zu, dass asoziale Menschen sich der Arbeit entziehen und somit den Vierjahresplan sabotieren.[75]

Im Erlass wurden ausdrücklich *Landstreicher, Bettler,* Menschen *ohne festen Wohnsitz* und *Zigeuner,* gegen die die Aktion gerichtet war, genannt.

Im Ministererlass vom 14. Dezember 1937 waren »Zigeuner« noch mit Landstreichern gleichgesetzt worden. In den Ausführungsbestimmungen vom 1. März 1938 wurde den Sinti und Roma schon ein eigener Absatz gewidmet.

60

Dass der Arbeitskräftemangel in der Phase der Aufrüstung und Kriegsvorbereitung ein Hintergrund dieser Aktion war, zeigt sich auch an der Veröffentlichung der *Verordnung zur Sicherstellung des Kräftebedarfs für Aufgaben von besonderer staatspolitischer Bedeutung* vom 22. Juni 1938.

Gleichzeitig darf aber der sich verschärfende Rassismus gegen die Sinti und Roma und Juden nicht übersehen werden.

Am Morgen des 13. Juni 1938 begann die Polizeimaßnahme gegen diejenigen, die nicht den Anforderungen einer nationalsozialistischen Arbeits- und Sozialpolitik entsprachen. Dies waren die noch wenigen Bettler, Obdachlosen, Juden, die eine Vorstrafe hatten, aber auch Sinti und Roma, die nach der Definition der Nationalsozialisten nicht in »festen Arbeitsverhältnissen« standen. 200 Menschen – so lautete die Vorgabe – sollte jede Kriminalpolizeileitstelle verhaften, aber allein im Kriminalbezirk Kassel – als Teilbezirk der Leitstelle Frankfurt – wurden 181 Männer im Alter zwischen 17 und 67 Jahren verhaftet.[76] Dass dabei auf alte Listen zurückgegriffen wurde, zeigt ein Schreiben von Arthur Nebe, Chef der deutschen Kriminalpolizei, der ein »Zuviel« an Verhaftungen monierte, vor allem von Männern, die irgendwann einmal aufgefallen waren.[77]

Betroffen war hiervon unter anderem Jakob Delis, der 1937 Hanau mit seiner Familie hatte verlassen müssen und seitdem im Internierungslager in Frankfurt (s.u.) lebte.

Im Laufe des Jahres 1937 bin ich, den genauen Tag kann ich heute nicht mehr angeben, in das Zigeunerinternierungslager in Frankfurt/M eingeliefert worden. Am 14. 6. 1938 wurde ich von dort in das Konzentrationslager Buchenwald überführt, in dem ich mich ununterbrochen bis zum 26. Apr. 1945 befunden habe.[78]

Bei der Einlieferung in das KZ Buchenwald nach dem 14. Juni 1938 erhielt er die KZ-Nr. 7022/1501 und dazu den schwarzen Winkel, der ihn als »Arbeitsscheuen« oder als »Asozialen« kennzeichnen sollte.[79]

Wie wenig man den Angaben der Polizei oder den Akten trauen sollte, wenn es um die »Asozialität« geht, zeigen verschiedene Aussagen.

Jakob Delis betonte:

Ich bin vielmehr am 14. 6. 1938 ohne jede Veranlassung aus dem Frankfurter Lager heraus festgenommen und nach Buchenwald deportiert worden. Vor der Verhaftung hatte ich ständig und regelmässig Arbeit mit einem anderen Lagerkameraden zusammen, und zwar einem gewissen Karl Reinhardt. Wir arbeiteten damals in Heddernheim und beschafften Weidenruten zum Korbmachen. Reinhardt war ebenfalls Zigeuner.[80]

Diese Aussage bestätigte Polizeimeister i.r. Johannes Himmelheber, seinerzeit Lageraufseher in Frankfurt, der nicht als Freund der Sinti und Roma galt:

[...] Am 14.6.1938 kam die erste Aktion gegen die im Lager befindlichen Zigeuner. Die arbeitsfähigen männlichen Personen wurden erfasst und in Vorbeugungshaft genommen. Damals kam auch der Antragsteller mit weg aus dem Lager. Das Lager bestand noch bis 1945. Durch zeitweilige Aktionen wurden aber immer wieder Arbeitsfähige aus dem Lager gezogen und der Bestand durch Neu-Erfasste ergänzt. [...] Ich kann nur sagen, dass der Antragsteller, so lange er im Lager war, seiner Arbeit nachging und sich selbst ernährte.[81]

Es ging also weniger um Bestrafung der als »arbeitsscheu« eingestuften Menschen, als vielmehr um eine rassistisch motivierte Verfolgung.

Die Razzien gegen die sogenannten »Arbeitsscheuen« in der ersten Hälfte des Jahres 1938 waren nicht die einzigen Verfolgungsmaßnahmen, die sich auch gegen Sinti und Roma richteten.

Im August 1938 wurden explizit Sinti und Roma von zwei weiteren Aktionen der NS-Behörden betroffen.

Am 5. August sollte eine am 24. Juni als *streng vertraulich* vom Oberpräsidenten in Kassel angeordnete *allgemeine Fahndung nach Zigeunern* in der Tradition der Razzien des Kaiserreichs und der Weimarer Republik durchgeführt werden.

62

Die zweite reichsweite Aktion gegen Sinti und Roma kollidierte mit der oben erwähnten. Gemäß einer Geheimverfügung des Reichsführers SS wurden die Sinti und Roma als sogenannte *militärische Risikofaktoren* aus den linksrheinischen Gebieten Deutschlands nach Osten vertrieben. Hier griff man anscheinend auf eine ältere Meldung des Kriminalbeamten Werner Best aus Darmstadt zurück, der schon in einem Schreiben vom 4. Juli 1936 *Spionage durch Zigeuner* vermutete.[82]

Der Regierungspräsident   Kassel, den 24.Juni 1938
A.II. Nr. 2730.

                              V e r t r a u l i c h !

        Betrifft:Bekämpfung der Zigeunerplage.

            Der Herr Oberpräsident hat für den 5.August 1938
    eine allgemeine Fahndung nach Zigeunern angeordnet. Um die
    Fahndung auf eine breitere Grundlage zu stellen und um ein
    Entweichen über die Provinzialgrenze zu vermeiden, wird die
    gleiche Aktion auch in sämtlichen an die Provinz Hessen-Nas=
    sau angrenzenden Provinzen und Ländern durchgeführt werden.
    Ich ersuche,die Festsetzung des Fahndungstages streng
    vertraulich zu behandeln,damit erhicht vorher bekannt werden
    kann. Über die Erfahrungen ist mir bis zum 15.8.1938 zu
    berichten.

                        Jm Auftrage
                        gez.Looft.

                                    Beglaubigt:
                    (Siegel)
                                    Reg.Assistent.

    An
    den Herrn Polizeipräsidenten in Kassel
    den Herrn Polizeidirektor in Hanau
    die Herren Oberbürgermeister als OPB.in Fulda und Marburg
    die Herren Landräte des Bezirks.

Schreiben des Oberpräsidenten u. a. an den Polizeidirektor in Hanau, 1938[83]

Sinti in und um Hanau zwischen 1936 und 1943

Die Bemühungen des NS-Staates zielten seit 1936 eindeutig auf die endgültige Erfassung und Konzentrierung der in Deutschland lebenden Sinti und Roma, wobei noch nicht grundsätzlich festgelegt war, was auf Dauer mit ihnen in Deutschland geschehen sollte. In einzelnen Denkschriften an das Reichsinnenministerium oder an höchste Polizeistellen wurde aber schon darüber nachgedacht, wie die Sinti und Roma als Gruppe aus Deutschland »beseitigt« werden konnten.

Aus Sicht des NS-Staates und seiner Institutionen war dazu erst einmal eine lückenlose Erfassung und Festsetzung notwendig. So wurden in Marzahn schon 1936 die in Berlin lebenden Sinti und Roma zusammengefasst. Ähnlich wurden Sinti und Roma in Düsseldorf, Köln, Lübeck, Kassel oder Frankfurt nach und nach in sogenannten »Zigeunerlagern« konzentriert.[84] Sinti und Roma wurden auf meist schlechtem, unwegsamem Gelände ausgrenzt und im Einzelfall auch von SA-Männern oder von Polizisten bewacht. In einigen Fällen wurden um diese Lager auch Zäune gezogen, und deren Bewohner durften nur noch zur Arbeit oder mit Erlaubnis diese Lager verlassen.

Eines der bekanntesten Lager war das in Frankfurt, wo es schon »Konzentrationslager« für »Zigeuner« in der späten Weimarer Republik gegeben hatte. Das Wort »Konzentrationslager« hatte allerdings in der Weimarer Republik noch die Bedeutung, dass hier Menschen an einem Ort »konzentriert« wurden. Es waren in diesem Fall die Sinti und Roma, die man als »Zigeuner« bezeichnete und die man in den späten 1920er Jahren aus der Innenstadt von Frankfurt entfernen wollte. Dieses Lager war aber kein Gefangenenlager.

Etwas Anderes war das nationalsozialistische Lager in der Dieselstraße. Für die Sinti und Roma des Frankfurter Lagers hieß das u.a.:

Die Beaufsichtigung der Zigeuner geschieht durch 2 Polizeibeamte, die sich alle 24 Stunden ablösen. Morgens findet der Appell und bei Einbruch der Dunkelheit der Zapfenstreich statt. Bei dieser Gelegenheit wird festgestellt, ob sämtliche Zigeuner sich im Lager befinden. Für die Folge soll das Lager für die arbeitslosen Zigeuner nur 1 Stunde am Ta-

ge geöffnet sein. Die Tatsache, dass die Zigeuner mit der Lagerunter-
bringung nicht einverstanden sind, bestätigt die Richtigkeit der von uns
getroffenen Maßnahmen.[85]

In dieses Lager wurden auch Hanauer Sinti wie zum Beispiel Mitglieder der Familien Delis und Reinhardt eingewiesen: *Im Laufe des Jah-*
res 1937 bin ich, den genauen Tag kann ich heute nicht mehr angeben,
in das Zigeunerinternierungslager in Frankfurt/M eingeliefert wor-
den[86]*,* gab der damals 34-jährige Jakob Delis nach dem Krieg zu Protokoll.

Anna Reinhardt wurde ebenfalls in das Lager eingewiesen:

Ich kam am 15. Oktober 1937 zusammen mit meiner Mutter Marie Rein-
hardt, in deren Haushalt in mich noch befand, in das Zigeunerlager
Ffm-Riederwald. Vor unserer Einweisung wohnten wir in Hanau, Alter
Rückingerweg 60. Meine Mutter betrieb ein Handelsgewerbe mit Weiß-
und Kurzwaren, in dem ich mitbeschäftigt war.[87]

Dem vorausgegangen waren offensichtlich Beratungen im Gemeinde-
rat im Jahre 1936, bei denen – wie auch in anderen Städten – eine »Zigeunerplage« in Hanau konstruiert wurde. Oberbürgermeister Dr. Mül-
ler-Starke referierte am 8. Oktober 1936 über jene Zustände – *jetzige*
Missstände – und die Gemeinderatsmitglieder forderten – so im Beschlussbuch der Gemeinderäte nachzulesen – *polizeiliche Maßnahmen.*
Der Verweis auf *alle Mittel*, die man einzusetzen gedenke, deutet darauf hin, dass die verantwortlichen Politiker der Stadt Hanau alles daran setzten, die als »Zigeuner« bezeichneten Personen entsprechend den
reichsweiten Vorgaben der beginnenden rassistischen Verfolgung aus
der Stadt zu entfernen.[88]

Die Menschen, die die Polizei in das Frankfurter Internierungslager
Dieselstraße, ab Sommer 1942 Kruppstraße verbrachte, wurden nicht
nur polizeilich überwacht, schikaniert oder willkürlich durch einzelne
Polizisten tyrannisiert, sondern lebten auch unter denkbar schlechten
Bedingungen.

Wie die aus Hanau ausgewiesene Anna Reinhardt mitteilte, waren die
Betroffenen *notdürftig untergebracht.* Konkret hieß dies Wohnen in
ausrangierten Möbelwagen, *völlig unzureichend und schlecht verpflegt.*

Die Lagerinsassen hatten Zwangsarbeit durchzuführen. Anna Reinhardt musste zum Beispiel bis Ende November 1943 *täglich von morgens bis abends in der Zeltefabrik Georg von Ohnhausen in Frankfurt am Main, Hanauer Landstraße, schwere Arbeit leisten.*[89]

Verweisung und Konzentration waren die zwei Elemente der Verfolgung der Sinti und Roma in der Mitte der dreißiger Jahre. Ort der Konzentration war Frankfurt am Main. Viele Sinti wurden von hier 1943 nach Auschwitz deportiert.

Von der Ausschaltung zur Vernichtung

Die Sinti und Roma wurden wie die Juden nach und nach aus dem öffentlichen Leben und aus der Wirtschaft verdrängt, begleitet durch jahrelange rassistische Propaganda in der Presse, in der immer wieder auf die sogenannte »Fremdrassigkeit« und die angebliche »Minderwertigkeit« hingewiesen wurde.

Die Ausschaltung der Juden im öffentlichen Leben und in der Geschäftswelt erfolgte offen und war für alle Bürgerinnen und Bürger sichtbar. Weniger deutlich war die Ausschaltung der Sinti und Roma. Hier wechselten seltener große Reichtümer den Besitzer. Aber die ideologischen Grundlagen in diesem Ausschaltungsprozess waren dieselben.

Dem ambulanten Gewerbe, dem nicht wenige Sinti und Roma nachgingen, wurde nach und nach – und nicht auf einen Schlag – der Boden entzogen. Zunächst konnten die Behörden hierbei auf die Verfügungen der Kaiserzeit oder der Weimarer Republik zurückgreifen. Jeder, der einen Wandergewerbeschein erhalten wollte, musste einen festen Wohnsitz nachweisen. Aber selbst wenn Sinti und Roma diesen nach 1933 oder 1935 nachweisen konnten, reichte das nicht aus. Vertreter der Behörden zweifelten die Existenz der Wohnsitze an oder bezeichneten sie als Scheinwohnsitze.

Ab 1938 mussten alle ambulanten Händler und Handwerker dem Wirtschaftsverband »Ambulantes Gewerbe« beitreten, Juden wurden extra in Listen aufgenommen, und »Zigeunern« sollte die Ausstellung solcher Wandergewerbescheine versagt werden. Die Möglichkeit der Anrufung eines Verwaltungsgerichtes zur Erlangung eines Wandergewerbescheins wurden durch einen Erlass Heinrich Himmlers am 9. September 1939 endgültig ausgeschlossen.

Betrieben Personen aus der Minderheit der Sinti und Roma ohne gültige Papiere dennoch Handel, liefen sie Gefahr, wegen Gewerbevergehens festgenommen und unter Anklage gestellt zu werden. Hatten sie aber keine andere Arbeit, so mussten sie wiederum ihren alten Beruf ausüben, um sich und ihre Familien zu ernähren, wollten sie nicht an die Wohlfahrtsbehörden herantreten, womit sie sich der »Asozialität« im Sinne des Nationalsozialismus verdächtigt gemacht hätten.

Mit dem Festsetzungserlass für Sinti und Roma vom Oktober 1939 war aber die Erwerbsmöglichkeit des ambulanten Handels weitestgehend verschlossen.[90] Gingen Sinti und Roma jetzt noch diesem Gewerbe nach, machten sie sich doppelt strafbar, weil sie sowohl gegen die Gewerbeordnung als auch gegen die Melde- und Versetzungsordnung verstießen.

Der Regierungspräsident in Kassel verfügte dennoch in einem Schreiben an die Landräte und Oberbürgermeister bezüglich der Wandergewerbescheine im Punkt III:[91]

Auf Grund des Rd.Erl. d. R.F.SS und Chef d.Dt.Pol im RMdI vom 8.12.1938 – S.-Kr.557 VIII/38 2026 -6 (RMBl i. V. 1939 Nr.51, S.2106) sind Zigeunern, Zigeunermischlingen oder sonstigen nach Zigeunerart umherziehenden Personen Wandergewerbescheine nur noch nach vorhergehender Zustimmung der Staatl. Kriminal-Polizeistelle – auszuhändigen. In dem Wandergewerbeschein ist ausdrücklich zu vermerken, dass es sich bei dem Antragsteller um einen Zigeuner, Zigeunermischling oder eine nach Zigeunerart umherziehende Person handelt. Außerdem ist auf dem Wandergewerbeschein – möglichst in der linken unteren Ecke – der Abdruck des rechten Zeigefingers des Inhabers anzu-

bringen. Bei Anträgen dieser Personen ist stets eingehend zu prüfen, ob die gesetzlichen Voraussetzungen (§§ 57 bis 57 b, 62 der Reichsgewerbeordnung) vorliegen. Dabei ist ein besonders strenger Maßstab anzulegen.

Am 8. Dezember 1938 gab der Reichsführer SS und Chef der Deutschen Polizei im Ministerium des Innern seinen berüchtigten Erlass gegen die deutschen und ausländischen »Zigeuner« heraus. Gestützt auf die Verlautbarungen und Untersuchungen der Rassenforscher um Dr. Robert Ritter (vgl. S. 96) befahl Himmler in seinem Erlass die *Regelung der Zigeunerfrage aus dem Wesen dieser Rasse in Angriff zu nehmen.*

Das hieß Erfassung und Einteilung aller deutschen Sinti und Roma nach drei Hauptkategorien: *Zigeuner, Zigeunermischlinge und nach Zigeunerart umherziehende Personen.*

Vordringliches Ziel war es, diese Minderheit von der deutschen Mehrheitsbevölkerung abzusondern, eine sogenannte *Rassenvermischung* zu verhindern. Ein eigenes Zigeunergesetz, das des öfteren angekündigt aber nie verkündet wurde, sollte dann nach den Vorstellungen des NS-Regimes weitere *Blutsvermischungen unterbinden.*

Aus dem Runderlass des Reichsführers SS vom 8. Dezember 1938[92]

[...]

(3)   Ich ordne deshalb an, dass alle seßhaften und nicht seßhaften Zigeuner sowie alle nach Zigeunerart umherziehenden Personen beim Reichskrim.-Pol.-Amt – Reichszentrale zur Bekämpfung des Zigeunerunwesens – zu erfassen sind.

(4)   Die Pol.-Behörden haben demgemäß alle Personen, die nach ihrem Aussehen, ihren Sitten und Gebräuchen als Zigeuner oder Zigeunermischlinge angesehen werden, sowie alle nach Zigeunerart umherziehenden Personen über die zuständige Krim.-Pol.-Stelle und Krim.-Pol.-Leitstelle an das Reichskrim.-Pol.Amt – Reichszentrale zur Bekämpfung des Zigeunerunwesens – zu melden.

[...]

Durch die am 1. März 1939 bekannt gegebenen Ausführungsbestimmungen zu dem zitierten Runderlass vom November 1938 wurde eine vollständige Registrierung nach Herkunft und Wohnsitz durch die örtlichen Gesundheits- und Polizeibehörden angeordnet. Jeder »Zigeuner« bzw. »Zigeunermischling« sollte einen eigenen, besonderen Ausweis erhalten. Gleichzeitig wurde mit der Erfassung die Durchführung der *rassenbiologischen Untersuchungen* veranlasst.

Titelblatt der Ausführungsbestimmungen zum sogenannten Grunderlass vom 8. Dezember 1938, März 1939 [94]

Es hieß im Erlass:

Das Reichskriminalpolizeiamt *stellt die Rassezugehörigkeit nach Einholung einer gutachterlichen Aeußerung der rassehygienischen Forschungsstelle des Reichsgesundheitsamtes fest. Den Mitarbeitern dieser Stelle ist jede erwünschte Auskunft zu erteilen sowie polizeilicher Schutz und Unterstützung bei der Durchführung ihrer Aufgaben zu gewähren.*[93]

In diesen Ausführungsbestimmungen wurden auch konkrete Maßnahmen von den Polizeibeamten verlangt. In den Mittelpunkt wurde dabei die Überwachung gestellt, die neben den rassistischen Begründungen auch alte Elemente der Kriminalisierung reaktivierte, wie zum Beispiel den Kinderraub.

Dies ist ein weiteres Beispiel dafür, wie Zigeunerbilder benutzt wurden, um Verfolgungsmaßnahmen begründen und durchsetzen zu können. Es ist aber nicht nur die Instrumentalisierung zu erkennen, sondern auch die Verkehrung der Tatsachen, denn der Kinderraub vollzog sich in Einzelfällen an den Sinti- und Romakindern.

II. Laufende Ueberwachung u. Kontrolle.

Wo immer Zigeuner, Zigeunermischlinge oder nach Zigeunerart umherziehende Personen betroffen werden, sind sie einer eingehenden Prüfung zu unterziehen. Kann an Hand mitgeführter Ausweispapiere die Person nicht einwandfrei festgestellt werden oder können gar keine Ausweispapiere vorgewiesen werden, so ist die erkennungsdienstliche Behandlung durchzuführen und im übrigen wie bei der Erfassung zu verfahren (B I und II).

Bei der Durchführung von Kontrollen ist besonders darauf zu achten, ob entführte Minderjährige, gesuchte Personen oder Gegenstände mitgeführt werden, die durch strafbare Handlungen erlangt sind. In derartigen Fällen oder wenn Gefährdung der Allgemeinheit durch asoziales Verhalten im Sinne der Ziffer A I 9 des Erlasses vorliegt, ist sofortige Mitteilung an die zuständige Kriminalpolizeistelle zu machen, damit diese unverzüglich das Weitere veranlassen kann.

Auszug aus den Ausführungsbestimmungen des sogenannten Grunderlasses, 1939 [95]

Mit dem Beginn des Zweiten Weltkrieges am 1. September 1939 verschlechterte sich die Lage der Sinti und Roma im gesamten Deutschen Reich dramatisch.

Schon am 2. September wurde festgelegt, dass in einer sogenannten Sicherheitszone im Westen Deutschlands *das Umherziehen von Zigeunern und nach Zigeunerart [...] verboten* war.[96] Das war ein rassistisch begründetes Reiseverbot für Sinti und Roma.

Am 17. Oktober 1939 gab der nunmehrige Chef des Reichssicherheitshauptamtes (RSHA) Reinhard Heydrich den sogenannten Festsetzungserlass heraus, in dem er eine *Regelung der Zigeunerfrage im Reichsmaßstab* ankündigte. Mit diesem Erlass waren die Voraussetzungen für die Deportation der deutschen Sinti und Roma geschaffen, die dann auch schon im selben Monat in Österreich begannen.[97] Denn ab diesem Zeitpunkt durften Sinti und Roma ihren Wohnsitz nicht mehr ohne polizeiliche Genehmigung verlassen. Jeder Umzug und jede Reise musste beantragt und genehmigt werden.

Personen, die sich dem Verbot widersetzten, wurden in die Maßnahmen der sogenannten »vorbeugenden Verbrechensbekämpfung« einbezogen. Das heißt, Menschen, die als »Zigeuner« ermittelt waren, liefen Gefahr, in ein Konzentrationslager deportiert zu werden

Mit diesem Erlass wurden darüber hinaus auch die Kommunikationsmöglichkeiten zwischen den Sinti- und Romafamilien entscheidend eingeschränkt.

Gleichzeitig erfassten die Polizeibeamten ein weiteres Mal die Sinti und Roma, nicht mehr die »Zigeuner«. Nicht-Sinti- und Nicht-Roma, die nach »Zigeunerart umherzogen«, waren gemäß dem Wortlaut des Schnellbriefes nicht in diese Diskriminierungs- und Verfolgungsmaßnahmen einbezogen.

Man sollte diesen Schnellbrief nicht nur im Zusammenhang mit einer polizeilichen Maßnahme zur Festsetzung oder Gettoisierung der als »Zigeuner« definierten Menschen sehen, sondern auch im Kontext der sogenannten *Ausschaltung des schädigenden Einflusses von solchen volksfremden Bevölkerungsteilen, die eine Gefahr für das Reich und die deutsche Volksgemeinschaft bedeuten,* wie es im »Erlass des Führers und Reichskanzlers zur Festigung des deutschen Volkstums vom 7. Oktober 1939« hieß.[98]

Dass der »Chef der deutschen Polizei« über seine Funktion als Reichsführer SS, Heinrich Himmler, nun auch noch zum »Reichskommissar zur Festigung des deutschen Volkstums« ernannt wurde, deutete die ideologisch-politische Richtung der Ausschaltung sogenannter »volksfremder Elemente« an: polizeiliche Maßnahmen unter Aufhebung der Reste des Gesetzesstaates.

Das bedeutete die Erfassung der Sinti und Roma und die Vorbereitung der Deportationen ohne die Formulierung eines entsprechenden Gesetzes. Dieser Sachverhalt lässt auf keinen Fall die Interpretation zu, dass wegen des Fehlens eines Gesetzes der Vernichtungswillen gegen Sinti und Roma geringer ausgeprägt war als gegen andere Gruppen. Das auf den 1. September 1939 rückdatierte Schreiben Hitlers, das die Ermordung behinderter Menschen gewissermaßen legitimierte, nachdem die Planungen der Morde samt der Erfassung des Personenkreises abgeschlossen war, deutet in dieselbe Richtung.[99]

Die Idee der »Ausmerzung« – etwa in Form der Massensterilisierung – war Anfang 1940 über den Reichsgesundheitsführer Leonardo Conti in einem Rundschreiben verbreitet worden.[100] Das anvisierte Gesetz gegen die »Zigeuner«, das von Robert Ritter noch mit vorbereitet wurde, wurde auf höherer Ebene – im Innenministerium – durch eine sogenannte Sondermaßnahme ersetzt. Es hieß in diesem Rundschreiben, dass eine weitere Fortpflanzung der Sinti und Roma, das heißt ihre Existenz, nicht durch Abschiebung zu verhindern sei, sondern durch eine *gut vorbereitete Radikallösung.* Conti fuhr fort, er sei der Auffassung, dass die Zeit für eine gesetzliche Lösung nicht mehr gegeben sei, *sondern dass versucht werden muss, entsprechend gewissen analogen Vorgängen die Unfruchtbarmachung der Zigeuner und Zigeunermischlinge als Sondermaßnahme sofort durchzuführen.*[101]

Schnellbrief des Reichssicherheitshauptamtes vom 17. Oktober 1939 an die Staatlichen Kriminalpolizeileitstellen, betr. Zigeunererfassung[102]

Auf Anordnung des Reichsführers-SS und Chefs der Deutschen Polizei wird binnen kurzem im gesamten Reichsgebiet die Zigeunerfrage im Reichsmaßstab grundsätzlich geregelt. Ich ersuche daher, sofort folgende Maßnahmen einzuleiten:

1.   Die Ortspolizeibehörden und die Gendarmerie sind umgehend anzuweisen, sämtlichen in ihrem Bereich befindlichen Zigeunern und Zigeunermischlingen die Auflage zu erteilen, von sofort ab bis auf weiteres ihren Wohnsitz oder jetzigen Aufenthalt nicht zu verlassen. Für den Nichtbefolgungsfall ist Einweisung in ein Konzentrationslager anzudrohen und erforderlichenfalls gem. A II 1 e des Erlasses der RMdI. vom 14.12.1937 – Pol. S-Kr.3 Nr.1682/37 – 2098 – (nicht veröffentlicht) durchzuführen.

2.   Fahndungstage für die Erfassung und Zählung der Zigeuner und Zigeunermischlinge sind der 25. , 26. und 27. Oktober 1939. Die Durchführung ist von den Ortspolizeibehörden und der Gendarmerie vorzunehmen.

3.   Die erfassten Zigeuner und Zigeunermischlinge einschließlich der Kinder sind durch die Ortspolizeibehörden und die Gendarmerie listenmäßig den zuständigen Kriminalpolizeistellen nach folgendem Muster zu melden:

1.   lfd. Nr.,

2.   Name (ggf. Zigeunername),

3.   Vornamen,

4.   Geburtsdaten,

5.   Geburtsort,

6.   derzeitige Wohn- oder Aufenthaltsort mit Straßenangabe usw.,

7.   Staatsangehörigkeit

8.   Bemerkungen.

Unter »Bemerkungen« ist anzugeben, ob der Zigeuner oder Zigeunermischling in den letzten fünf Jahren einer geregelten Arbeit nachgegangen ist und sich und seine Familie selbständig ernährt hat, sowie ob er einen festen Wohnsitz (Wohnung oder Grund und Boden) hat.

Unter »Bemerkungen« ist ferner anzugeben, ob unter Umständen das Mitglied einer Familie (Ehemann oder Ehefrau) nachweislich arischer Abstammung ist. [...]

Das Reichskriminalpolizeiamt wird im Einvernehmen mit dem Reichsgesundheitsamt die eingegangenen Meldungen überprüfen und die vorzunehmenden Festnahmen in jedem Einzelfall anordnen. Für diejenigen Zigeuner und Zigeunermischlinge, die trotz des Verbotes ihren bisherigen Aufenthaltsort verlassen haben, wird vom Reichskriminalpolizeiamt eine besondere Fahndungsliste herausgegeben werden.

Die Ortspolizeibehörden waren somit angewiesen, den Erlass zwischen dem 25. und 27. Oktober 1939 umzusetzen.[103]

In der Stadt Hanau wurden 51 Menschen als »Zigeuner« ermittelt.

Es waren Mitglieder der Familien

Ferdinand Delis, Akademiestraße 40

Barbara Delis, Steinstraße 4,

Heinrich Kirsch, Leimenstraße 37

Rosa Laubinger, Nordstraße 4

Karl Reinhardt, Im Schloßhof 9

Juliane Vinson, Mittelstraße 9

Johann Winter, Alter Rückinger Weg 60

Dazu weitere einzelne Personen.

Die Familien und weitere einzelne erfasste Personen wohnten über die Stadt verstreut.

Ansicht der Nordstraße 1938[104]

Die Fragen nach einem »festen Arbeitsverhältnis« und nach einem »festen Wohnsitz« wurden bei allen Personen im arbeitsfähigen Alter mit »Ja« beantwortet. [105]

Ansicht der Steinstraße 1943[106]

Wie man auf den nächsten beiden Seiten erkennen kann, füllten die Kriminalbeamten ihre Bögen sehr sorgfältig aus. Auch das Anschreiben an die Kriminalpolizeistelle Kassel ist – gemessen an denen anderer Orte – mustergültig. Sogar welche Unterlagen nachgereicht werden sollten, wurde von den Polizisten festgehalten.

3 Vordrucke RKP.172, 3 Fingerabdruckbogen, 3 Lichtbilder, 3 Abschriften der Heiratsurkunde.[107]

Nicht vergessen wurde, dass die *Lichtbilder des Karl Reinhardt [...] nachgereicht* würden.[108]

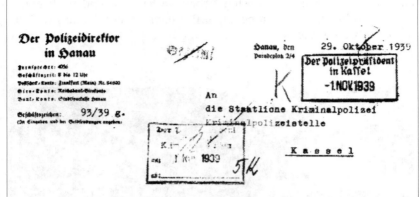

Der Polizeidirektor in Hanau

Fernsprecher: 4056
Geschäftszeit: 8 bis 12 Uhr
Postscheck-Konto: Frankfurt (Main) Nr. 54630
Giro-Konto: Reichsbank-Girokonto
Bank-Konto: Stadtsparkasse Hanau

Geschäftszeichen: **93/39 g.**
(In Eingaben und bei Geldsendungen angeben)

Hanau, den   29. Oktober 1939
Paradeplan 2/4

Der Polizeipräsident in Kassel
-1.NOV.1939

An
die Staatliche Kriminalpolizei
Kriminalpolizeistelle

K a s s e l

Betrifft: Zigeunererfassung.

Bezug: Verfügung vom 2o.Oktober 1939 K.6050

In der Anlage überreiche ich eine Nachweisung über die in Hanau wohnhaften und gemeldeten Zigeuner und Zigeunermischlinge nach dem Stand vom 25. 1o. 1939,nebst den erteilten Auflagen.
Ein Durchschlag der Nachweisung ist gleichzeitig ver= fügungsgemäß an das Reichskriminalpolizeiamt in Berlin übersandt worden.

I.A.

Schreiben des Hanauer Polizeidirektors zur Erfassung der Hanauer Sinti, 29. Oktober 1939[109]

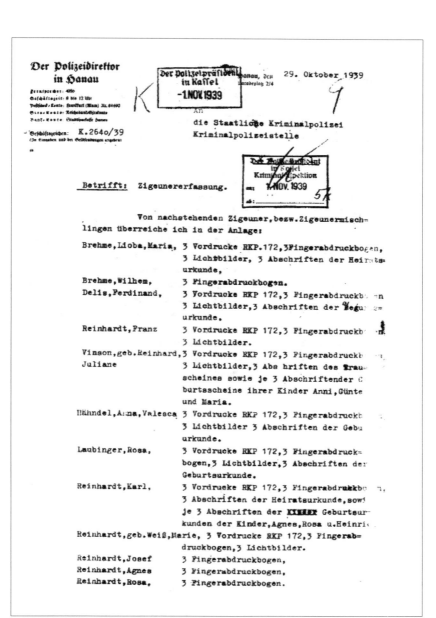

Der Polizeidirektor
in Hanau

Fernsprecher: 4069
Geschäftszeit: 8 bis 12 Uhr
Postscheck-Konto: Frankfurt (Main) Nr. 84690
Giro-Konto: Reichsbankstelle Hanau
Bant-Konto: Stadtsparkasse Hanau

Geschäftszeichen: K.264o/39
(Im Einaahen und bei Geldsendungen angeben)

Der Polizeipräsident
in Kassel   Hanau, den   29. Oktober 1939
                        Paradeplatz 2/4

-1.NOV 1939

An
                        die Staatliche Kriminalpolizei
                        Kriminalpolizeistelle

Der Polizeipräsident
in Kassel
Kriminalinspektion
am: 1.NOV. 1939

Betrifft: Zigeunererfassung.

          Von nachstehenden Zigeuner,bezw.Zigeunermisch=
lingen überreiche ich in der Anlage:

Brehme,Lioba,Maria, 3 Vordrucke RKP.172,3 Fingerabdruckbogen,
                     3 Lichtbilder, 3 Abschriften der Heirats=
                     urkunde,
Brehme,Wilhem,   3 Fingerabdruckbogen.
Delis,Ferdinand,   3 Vordrucke RKP 172,3 Fingerabdruckb en
                     3 Lichtbilder,3 Abschriften der Regu =
                     urkunde.
Reinhardt,Franz   3 Vordrucke RKP 172,3 Fingerabdruckb m
                     3 Lichtbilder.
Vinson,geb.Reinhard, 3 Vordrucke RKP 172,3 Fingerabdruck   n,
Juliane   3 Lichtbilder,3 Abschriften des Trau=
                     scheines sowie je 3 Abschriften der G
                     burtsscheine ihrer Kinder Anni,Günte
                     und Maria.
Händel,Anna,Valesca 3 Vordrucke RKP 172,3 Fingerabdruck
                     3 Lichtbilder 3 Abschriften der Gebu
                     urkunde.
Laubinger,Rosa,   3 Vordrucke RKP 172,3 Fingerabdruck=
                     bogen,3 Lichtbilder,3 Abschriften der
                     Geburtsurkunde.
Reinhardt,Karl,   3 Vordrucke RKP 172,3 Fingerabdruckbo n,
                     3 Abschriften der Heiratsurkunde,sow
                     je 3 Abschriften der XXXXXX Geburtsur-
                     kunden der Kinder,Agnes,Rosa u.Heinri
Reinhardt,geb.Weiß,Marie, 3 Vordrucke RKP 172,3 Fingerab=
                     druckbogen,3 Lichtbilder.
Reinhardt,Josef   3 Fingerabdruckbogen,
Reinhardt,Agnes   3 Fingerabdruckbogen,
Reinhardt,Rosa,   3 Fingerabdruckbogen.

*Ausschnitte aus der Erfassungsliste der Hanauer Sinti,
29. Oktober 1939*[110]

Reinhardt,Therese,   3 Vordrucke RKP 172, 3 Fingerabdruck=
                            bogen,3 Lichtbilder,je 3 Abschrif=
                            ten über arische Abstammung,Geburts=
                            urkunde u.Taufschein.
Reinhardt,Mathilde,   3 Fingerabdruckbogen.
Winter,Johann,   3 Vordrucke RKP 172,3 Fingerabdruck=
                            bogen,3 Lichtbilder,3 Abschriften
                            des Heimatscheines.
Winter,Wilhelm,   3 Fingerabdruckbogen.
Winter,Anna,   3 Vordrucke RKP 172,3 Fingerabdruck=
                            bogen, 3 Lichtbilder.
Winter,Sabine,   3 Vordrucke RKP 172,3 Fingerabdruck=
                            bogen,3 Lichtbilder.
Winter,Berta,   3 Fingerabdruckbogen,
Winter, Rudolf,   3 Fingerabdruckbogen,
Winter,Rosa,   3 Fingerabdruckbogen.

Die Lichtbilder des Karl Reinhardt aus Aßamstadt werden
nachgereicht.
Die Vordrucke RKP 172,Fingerabdruckbogen und Lichtbilder
der übrigen,in der Nachweisung aufgeführten Zigeuner sind
bereits dorthin übersandt worden.

Lfd. Nr.	Name usw. Zigeunername	Vornamen	Geburtsdatum	Geburtsort	Derzeitiger Wohn- oder Aufenthalts- ort mit Strassenangabe usw.	Staats- angehö- rigkeit	Bemerkungen:
			4			7	8
	Familie Kirsch Heinrich:						**1)** Zigeuner- oder Zigeunermischling ist in den letzten 5 Jahren einer geregelten Arbeit nachgegangen und hat sich und seine Familie selbständig ernährt.
22	Kirsch	Heinrich	3. 1.1912	Elsaß i.Frkr.		Reichsdत	**2)** Zigeuner- oder Zigeunermischling hat einen festen Wohnsitz (Wohnung oder Grund und Boden)
23	Kirsch geb.Jon	Friederike	6. 3.1915	Germersheim	Homb., Sandstr.??		**3)** das Mitglied einer Familie (Ahnenn oder Ehefrau)sind nachweislich arischer Abstammung.
24	Kirsch	Jakob	25. 7.1933	Moos Bez.Amt Würzburg	" "	"	**4) Verwandtschaftliches Verhältnis.**
25	Kirsch	Margarete	13. 5.1935	Büdingen i.Hess.	" "	"	1: Ja (ohne Grund und Boden)
	Leubinger Rosa mit Kind:						2: Nein
26	Leubinger	Rosa	16. 5.1913	Laufen i.d. Schweiz	Homb., Sandstr. Nr.2		3: —.—
27	Leubinger	Elisabeth	14. 2.1935	Vilbel i.Hess.	" "	"	1: 4 die vor
	Reinhardt ledig Theresia mit Kind:						2: —.— die vor
28	Reinhardt	Theresia	19. 5.1870	Weinsbronn i.Württ.	Homb., Sandstr. Nr.4		1: Kinde - Mischlinge
29	Reinhardt	Kathilde	10.12.1926	Heidenbergen i.Hess.	" "	"	2: 4 die vor

Eine entsprechende Liste gibt es im Hessischen Hauptstaatsarchiv Wiesbaden auch für den Kreis Schlüchtern.

In den folgenden Jahren wurden immer wieder Erfassungsaktionen durchgeführt, um die Zahl der Sinti und Roma zu ermitteln oder auch um die Zahlen zu überprüfen, so zum Beispiel vor der ersten großen Deportation im Mai 1940 (s.u.) oder auch in den Jahren 1941 und 1942, um zur Wehrmacht eingezogene Männer festzustellen.

Die Kriminalpolizei Frankfurt startete im Juli 1941 noch einmal eine Kampagne, deren Zielrichtung nicht zu rekonstruieren ist, wenn man über die unmittelbare Erfassung – und Überprüfung von bekannten Daten absieht.

```
                    A b s c h r i f t
  Staatliche Kriminalpolizei               Kassel, den 23. Juli 41.
  Kriminalpolizeistele Kassel
  5. K.

                    An den

                    Herrn  L a n d r a t

                    in  H a n a u .

  Betrifft: Zahlenmäßige Erfassung von im Bezirk der Kp.-Stelle
            aufhältlichen Zigeunern.

           Um eine Übersicht der im Bezirk der K.P.-Stelle Kassel
  aufhältlichen Zigeuner zu erhalten, wird ersucht, zahlenmäßig,
  unter Einschluß der Kinder, alle z. Zt. im dortigen Bereiche be-
  findlichen Zigeuner hierher mitzuteilen.
           Fehlmeldung erforderlich.
  Frist: 15.8.1941.
                                     Im Auftrage:
                                     gez: Unterschrift.

  Der Landrat                        Hanau, den 28. Juli 1941.
    Abt. D.
                                            -1. AUG. 1941

           An die Herren Bürgermeister als OPB.,
           des  K r e i s e s .
           Abschrift übersende ich zur Kenntnis und mit dem
  Ersuchen, mir die evtl. dort befindlichen Zigeuner zu melden.
  Frist 8.8. 1941.                      I. V.

                                     gez: S e n g e r .
                                     Begl:
                                            Reg. Assist.
                                                      Schm.
```

Schreiben der Kriminalpolizeistelle Kassel an den Landrat in Hanau, 1941[111]

80

Es liegt nur eine negative Antwort aus Großauheim vor

```
Der Bürgermeister als              Großauheim, den 5. 8. 1941.
Ortspolizeibehörde.
Tgb.Nr.V/   /41.

An
den Herrn L a n d r a t
    in H a n a u .

Betr.: Zahlenmäßige Erfassung von im Bezirk der Kp.-Stelle auf=
       hältlichen Zigeunern.
Bezug: Dortige Verfügung vom 28. 7. 41 -Abt. D.-.

       Der Vorstehenden Verfügung zufolge wird berichtet, daß in
der Gemeinde Großauheim sich keine Zigeuner aufhalten.

                                                          Bu.
```

Schreiben des Bürgermeisters von Großauheim an den Landrat, 1941[112]

Die ersten großen Deportationen deutscher Sinti und Roma

Wenige Monate nach der Erfassung und Festschreibung wurden im Mai 1940 zum ersten Mal im größeren Maßstab etwa 2.500 bis 2.800 Sinti und Roma aus sieben Sammelzentren aus Norddeutschland, dem Rheinland und aus dem deutschen Südwesten nach Polen deportiert. Dies war der Beginn der geplanten Deportation der *30.000 Zigeuner aus dem Altreich und der Ostmark.*[113]

Den Sinti und Roma wurde zugesagt, dass sie in Polen siedeln sollten; ihnen wurden Haus, Land und Vieh versprochen. Die meisten wurden aber dort in Lagern, die sie selbst noch zu errichten hatten, oder in Gettos gefangengehalten, geschunden und ermordet.[114]

Nach Protesten wegen angeblicher *Überforderung* der NS-Behörden im sogenannten Generalgouvernement, nicht aus Gründen der Menschlichkeit, wurden die Deportationen wieder eingestellt.[115] Sie waren aber der Probelauf für die Deportationen in die Vernichtungslager. Sinti aus Hanau waren nicht unmittelbar in diese Aktion einbezogen, wenn man die durchgeführte Deportation als Kriterium nimmt. Aber einige der nach 1945 nach Hanau zugezogenen Menschen waren von diesen Verschleppungsmaßnahmen betroffen.

Aus den erhaltenen Unterlagen geht aber auch hervor, dass ursprünglich geplant war, auch die Sinti und Roma aus dem Regierungsbezirk Kassel zu deportieren. Das heißt, die Sinti aus Hanau und Umgebung waren sehr wohl betroffen: sie sollten familienweise – nun hieß es *sippen*weise – in Listen erfasst und dann in der Regel nach Polen deportiert werden.

28 Personen aus Hanau sollten nach dem Feststellungsergebnis vom 25. Mai 1940 nach Polen abgeschoben werden.

Es waren dies die Familien

• Lina Delis

• Ferdinand Delis

• Heinrich Kirsch

• Rosa Laubinger

• Johann Winter.

Ein Kriterium für ein weiteres Verbleiben am Heimatort war nach diesen Erlassen nicht ein Arbeitsverhältnis, sondern die Erfüllung der Dienstpflicht in der Wehrmacht oder dem Reichsarbeitsdienst von einem Mitglied der erfassten Familien.[116]

Von der Deportation zurückgestellt wurden

• Maria Delis, weil ihr Sohn Franz Reinhardt (Jg. 1912) zur Wehrmacht eingezogen worden war, und

• Barbara Delis und zwei ihrer Söhne, weil ihr ältester Sohn Albert Delis (Jg. 1912) ebenfalls zur Wehrmacht eingezogen war.

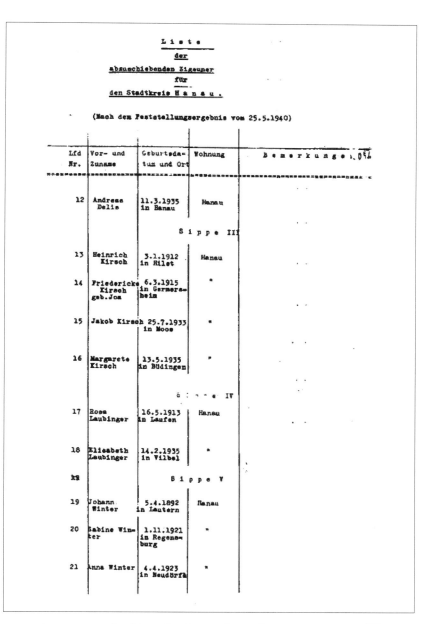

L i s t e

der

abzuschiebenden Zigeuner

für

den Stadtkreis H a n a u .

(Nach dem Feststellungsergebnis vom 25.5.1940)

Lfd Nr.	Vor- und Zuname	Geburtsda- tum und Ort	Wohnung	B e m e r k u n g e n .
12	Andreas Delis	11.3.1935 in Hanau	Hanau	
		S i p p e III		
13	Heinrich Kirsch	3.1.1912 in Rilst	Hanau	
14	Friedericke Kirsch geb.Joa	6.3.1915 in Germers- heim	"	
15	Jakob Kirsch	25.7.1933 in Moos	"	
16	Margarete Kirsch	13.5.1935 in Büdingen	"	
		S i p p e IV		
17	Rosa Laubinger	16.5.1913 in Laufen	Hanau	
18	Elisabeth Laubinger	14.2.1935 in Vilbel	"	
		S i p p e V		
19	Johann Winter	5.4.1892 in Lautern	Hanau	
20	Sabine Win- ter	1.11.1921 in Regens- burg	"	
21	Anna Winter	4.4.1923 in Neudörfa	"	

Auszug aus der Liste für die geplante Deportation, 1940[117]

83

Lfd. Nr.	Vor- und Zuname	Geburtsdatum und -ort	Wohnung	B e m e r k u n g e n
		B. Noch vom Abschub ausgenommene Zigeuner.		
		(Stadtkreis Hanau)		
		S i p p e I		
1	Maria Delis geb. Reinhardt	20.10.1891 in Plonheim	Hanau	
2	Franz Reinhardt	3.12.1912 in Obergeske	"	Eingezogen in Erfurt
		S i p p e II		
3	Barbara Delis	10.7.1844 in Northeim	Hanau	Sohn zu 4 Albert Delis dient bei J.R.367 .
4	Albert Delis	20.4.1912 in Stein= brück	"	
5	Josef Delis	20.10.1922 in Schlier= bach	"	
6	Richard Delis	5.2.1926 in Aufenau	"	

Die entsprechenden Unterlagen zum Landkreis Hanau fehlen im Wiesbadener Hauptstaatsarchiv, so dass sich keine weiteren Aussagen machen lassen.

Ausschluss aus der nationalsozialistischen Gesellschaft

Arbeit

Eine Arbeitspflicht bestand im Dritten Reich für alle Menschen, nicht allerdings eine freie Berufswahl oder Berufsausübung. Die Möglichkeit des ambulanten Handels und Handwerkes wurde zwar von den Nationalsozialisten nicht vollständig verboten, aber auf immer weniger Personen beschränkt, unter anderem weil die nationalsozialistischen Machthaber den ambulant Berufstätigen per se subversive Tätigkeiten unterstellten. Juden wie Sinti und Roma wurden die Tätigkeitsmöglichkeiten nach und nach untersagt, so dass die Betroffenen, die sich nicht den Arbeitsämtern zur Verfügung stellten, Gefahr liefen, als »Arbeitsscheue«, »Asoziale« oder »Arbeitsverweigerer« verfolgt zu werden.

Die meisten Hanauer Sinti arbeiteten bei verschiedenen Firmen, was ihnen auch – wenn sie die Verfolgung überlebt hatten – von den Firmeninhabern bestätigt wurde. Vor dem Vorwurf »arbeitsscheu« als Vorwand für die Einlieferung in ein Konzentrations- oder Tötungslager schützte ein reguläres, abhängiges Arbeitsverhältnis nicht.

Bei der Firma H. Fey Bau-Unternehmung Hanau war Albert Delis von 1937 bis 1943 beschäftigt.[118]

Josef D. war bei der Hanauer Gummischuhfabrik beschäftigt.

Herr D. war vom 1. 9. 41 bis 26. Novemb. 1942 bei uns als Walzwerkarbeit beschäftigt. Sein wöchentl. Verdienst betrug 45,- bis 50,- R.M. Brutto.[119]

Am 26. November 1942 wurde Herr D. in Hanau verhaftet und in das Hauptlager Auschwitz deportiert.[120]

In den Häftlingsunterlagen wurde als Einlieferungsgrund »Arbeitsscheuer« vermerkt. Das hatte zur Folge, dass nach der Befreiung dem Überlebenden des Völkermordes die Entschädigungszahlungen zunächst verweigert wurden, weil man der verhaftenden Behörde im Nachkriegsdeutschland mehr glaubte als dem Opfer.[121]

Arbeitsrechtliche Diskriminierung der Sinti und Roma

Der Reichsarbeitsminister   *Berlin SO 11, den 13. März 1942*

IIIb 4656/42   *Beerlendstr. 96*

An

a.)   *die Herren Reichstreuhänder der Arbeit*

            (einschl. Reichstreuh. öffentl. Dienst)

b.)   *die Präsidenten der Landesarbeitsämter*

Betr.: Arbeitsrechtliche Behandlung der Zigeuner

- - - - - -

In Kürze wird die Anordnung über die Beschäftigung von Zigeunern, deren Wortlaut ich aus der Anlage zu entnehmen bitte, im Reichsgesetzblatt und im Reichsarbeitsamt ver-öffentlicht werden. Gleichzeitig wird der Reichsminister der Finanzen durch die Dritte Verordnung zur Durchführung der Verordnung über die Erhebung einer Sozialaus-gleichsabgabe bestimmen, dass die Vorschriften der Verordnung über die Erhebung einer Sozialausgleichsabgabe vom 5.8.40 und die Vorschriften in den §§ 3 bis 5 der Ersten Durchführungsverordnung vom 10.8.40 auch auf Zigeuner anzuwenden sind. **Die Sozialausgleichsabgabe der Zigeuner wird beim laufenden Arbeitslohn erstmalig von dem Arbeitslohn erhoben, der für einen Lohnzahlungszeitraum gezahlt wird, welcher nach dem 31.3.42 endet.** *(Hervorhebung d. Verf.)*

Wegen der Feststellung, welche Personen als Zigeuner zu bezeichnen sind, weise ich nochmals auf den Runderlass des Reichsführers SS und Chefs der deutschen Polizei im Reichsministerium des Innern vom 7.8.41 betr. Auswertung der rassebiologischen Gutachten über zigeunerische Personen hin. (RGBLiV.1941 Nr.33. S. 1443)

Wie aus dem Erlass ersichtlich ist, ist beim Reichskriminalpolizeiamt eine Reichszen-trale zur Bekämpfung des Zigeunerunwesens errichtet, die laufend Gutachten über zigeunerische Personen, soweit sie sich im Reich aufhalten, erstattet. Die Reichszen-trale arbeitet eng mit der rassenhygienischen Forschungsstelle des Reichsgesundheits-amts zusammen.

Im Reich gibt es etwa 35 – 40 000 Personen, die als zigeunerisch anzusehen sind. Etwa 13 000 Personen sind bereits untersucht. Die Untersuchung und Begutachtung der übrigen Zigeuner und Zigeunermischlinge ist im Gange. Mit einer restlosen Begutach-tung ist in etwa 1 Jahr zu rechnen.

Nach dem wissenschaftlichen Forschungsergebnis sind die Zigeuner ein Rassenge-misch mit indischem, orientalischem, vorderasiatischem und mediterranem Blutein-

schlag. Als Zigeuner im Sinne der arbeitsrechtlichen und steuerrechtlichen Sonder-
vorschriften sind anzusehen a) Vollzigeuner, b) Mischlinge mit vorwiegendem oder
gleichem zigeunerischem Blutsanteil.

Beide Gruppen müssen vom Reichskriminalamt als solche festgestellt sein.

Der Reichsminister des Innern beabsichtigt, etwa folgendes anzuordnen:

a)   Die Kriminalpolizei(leit)stellten melden die bereits begutachteten Zigeuner
nach einem Vordruck den zuständigen Landesarbeitsämtern. Diese leiten die Meldun-
gen an die zuständigen Arbeitsämter weiter.

b)   Sobald weitere Gutachten eingehen, erstatten die Kriminalpolizei(leit)stellen
den Landesarbeitsämtern Nachtragsmeldungen.

c)   Wer als Zigeuner gemeldet worden ist, gilt arbeitsrechtlich in jedem Falle als
Zigeuner.

Personen, die als Zigeuner festgestellt sind, sind in ihrem Arbeitsbuch als solche
erkenntlich zu machen.

Der Reichsminister des Innern bittet, in den Fällen, in denen Personen nach ihrem
Aussehen, ihren Sitten und Gebräuchen als Zigeuner angesehen werden können, ohne
als Zigeuner bezeichnet zu sein, die zuständigen Kriminalpolizeistellen zu benach-
richtigen. Ich bitte, entsprechend zu verfahren. Danach haben die Arbeitsämter derar-
tige Fälle den Landesarbeitsämtern mitzuteilen, welche ihrerseits die Kriminalpolizei-
stellen verständigen.

gez. Franz S e l d t e

Im Verlauf der Jahre 1941 und 1942 wurde schließlich die soziale und
arbeitsrechtliche Stellung der Sinti und Roma noch einmal drastisch
verschlechtert. So fielen seit März 1942 alle Sinti und Roma auch unter *die für Juden erlassenen Sondervorschriften auf dem Gebiet des Sozialrechts*, wie es im § 1 der entsprechenden Anordnung des Reichsarbeitsministers heißt.[122]

In den Vorschriften über die »Sozialausgleichsabgabe« wurde beschönigend festgehalten, dass Sinti und Roma ab dem 1. April 1942 zusätz-
lich Abgaben über die Versicherungsbeiträge und Steuern hinaus zu leisten hatten. Als Begründung reichte der Hinweis auf ihre Herkunft oder
Abstammung.

Es wird hiermit bescheinigt, dass Frau Anna Reinhardt [...] bei mir als Näherin und Heimarbeiterin in der Zeit vom 29.11.43 – 14.1.45 beschäftigt war. [...]

PS. Frau Reinhardt war sozialausgleichsabgabenpflichtig.[123]

So bestätigte eine Frankfurter Firma 1950 einer Sintezza sowohl ihre Arbeitszeiten als auch die Existenz der zusätzlichen Sozialgabe.

Heinrich Briel

St.

Gegründet 1895

⑯ **Frankfurt am Main**

Gutleutstraße 75

‒ Heinrich Briel, Frankfurt a. M., Gutleutstraße 75

Bescheinigung

Fernruf 31876 33925

Postscheck-Konto:
Nr. 6476
Frankfurt am Main

Volksbank
Frankfurt am Main

Den

Es wird hiermit bescheinigt, dass
Frau Anna Reinhardt, geb. 13.11.1919
bei mir als Näherin und Heimarbeiterin in der
Zeit vom 29.11.43 – 14.1.45 beschäftigt war.

Sie verdiente in dieser Zeit insgesamt
brutto RM 348.04   netto RM 324.98

Frankfurt/Main, den 22. März 50

Heinrich Briel
Frankfurt/M.- Gutleutstr. 75
Fernsprecher 33826 i. A. Heinni

PS. Frau Reinhardt war sozialausgleichsabgabepflichtig.

Arbeitsbescheinigung, 1950[124]

In der Diktion des Reichsarbeitsministeriums war das Reichskriminal-polizeiamt die zuständige Behörde zur Erfassung und Ermittlung der »Zigeuner«, die noch einmal in zwei Gruppen unterteilt wurden.

Erfassung von Sinti und Roma[125]

§ 1

Die für Juden erlassenen Sondervorschriften auf dem Gebiete des Sozialrechts finden in ihrer jeweiligen Fassung auf Zigeuner Anwendung.

§ 2

Zigeuner im Sinne dieser Anordnung sind

a)   Vollzigeuner (Stammechte Zigeuner)

b.   Mischlinge mit vorwiegendem oder gleichem zigeunerischen Blutsanteil

wenn sie vom Reichskriminalpolizeiamt als solche festgestellt worden sind.

Damit ließ sich in Verfügungen von Wohlfahrtsämtern die Ausgabe von Zusatz- und Zulagekarten für Schwer- und Schwerstarbeiter an Sinti und Roma verweigern. Unter Bezug auf den oben zitierten Erlass wurde zum Beispiel in Berlin die Verteilung von Vollmilch an Sinti und Roma unterbunden, selbst wenn sie in Berufen arbeiteten, in denen ihnen diese zugestanden hätte.[126] Dass Berlin hier ein Einzelfall war, ist nicht anzunehmen, da dieser Schnellbrief dem Deutschen Gemeindetag zugeleitet wurde.

Ergänzt wurden die Diskriminierungsmaßnahmen im Sozialrecht und bei der Wohlfahrtsunterstützung durch die 15prozentige Zusatzsteuer auf das Einkommen und die Streichung der Freibeträge des Vermögensteuergesetzes.[127]

Der Plan des rassistisch begründeten Ausschlusses von Sinti und Roma und Juden aus der Rentenversicherung kam nicht mehr zur Ausführung, weil die politische Führung mit der Durchführung des Völkermordes schon begonnen hatte.

Reichsarbeitsdienst und Wehrmacht

Obwohl Sinti und Roma von den Nationalsozialisten als *artfremde* Staatsbürger angesehen, diskriminiert und verfolgt wurden, waren sie – anders als die Juden – zum Wehrdienst herangezogen worden. Sinti und Roma waren zunächst beim Reichsarbeitsdienst und in der Wehrmacht. Junge und ältere Sinti und Roma kämpften als Wehrpflichtige oder auch als Freiwillige in der deutschen Wehrmacht seit Beginn des Zweiten Krieges, so wie ihre Väter oder sie selbst schon in den Ersten Weltkrieg gezogen waren.

Auf den Familienbildern ist zu erkennen, dass die Männer ihre Uniform mit Stolz trugen.

Im zweiten und dritten Kriegsjahr änderte sich auch in diesem Bereich die Lage für die Sinti und Roma. Am 14. August 1940 wurde im Reichssicherheitshauptamt ein Runderlass formuliert, in dem es hieß, dass der Reichsführer beabsichtige, *die weiblichen Zigeuner und Zigeunermischlinge grundsätzlich vom Arbeitsdienst auszuschließen.*[128] Am 11. Februar 1941 erließ das Oberkommando der Wehrmacht die Verfügung, dass *Zigeuner und Zigeunermischlinge* keine militärischen Auszeichnungen mehr bekommen sollten. Wenig später wurden Landräte und Oberbürgermeister angewiesen, Listen über militärisch erfasste und eingezogene Sinti und Roma zu erstellen. Anhand dieser Listen wurden diese mehr oder minder jungen Männer dann bei ihren Einheiten ermittelt und im Laufe der Jahre 1941 bis 1944 aus dem Wehrdienst entlassen, weil sie *wehrunwürdig* im Sinne des Nationalsozialismus waren. Die »Rassenzugehörigkeit« entschied, nicht die individuelle Tauglichkeit oder Leistung. Die betroffenen Sinti und Roma wurden in die Ersatzreserve II zurückgestuft.

Bei den Musterungen sollte nun im Wehrstammblatt der Sinti und Roma ab dem Geburtsjahrgang 1923 die Buchstaben »Z« (= Zigeuner) oder »ZM« (=Zigeunermischling) vermerkt werden.

Aus einem Schreiben zur Aussonderung der Sinti und Roma aus der Wehrmacht 1941[129]

Das Oberkommando der Wehrmacht gibt mit Bezugsverfügung 2.) in Ergänzung der Bezugsverfg. 1.) bekannt, dass aus rassepolitischen Gründen <u>alle Zigeuner</u> und <u>Zigeunermischlinge</u> zum aktiven Wehrdienst <u>nicht</u> heranzuziehen sind. Etwa noch im aktiven Wehrdienst stehende Zigeuner oder Zigeunermischlinge sind unverzüglich nach Wehrgesetz § 24 (2)b wegen mangelnder Eignung aus dem aktiven Wehrdienst zu entlassen.

Sämtliche Zigeuner oder Zigeunermischlinge sind der Ersatzreserve II (n.z.v.) bezw. der Landwehr II (n.z.v.) zuzuweisen.

Um die Durchführung der vorstehenden Maßnahmen zu erleichtern, hat der Reichsführer SS und Chef der Deutschen Polizei das Reichskriminalamt beauftragt, für die hier in Frage kommenden Personen besondere Erfassungslisten, getrennt nach vollblütigen Zigeunern und Zigeunermischlingen, mit Angabe des Geburtsdatums sowie der Anschrift aufzustellen und den zuständigen Wehrersatzdienststellen zu übersenden.

Beim Wehrbezirks-Kommando sind Listen nach vorstehender Anordnung noch nicht eingegangen. Um aber die Überweisung der noch nicht zum aktiven Wehrdienst einberufenen Zigeunermischlinge zur Ersatzreserve II durchführen zu können bezw. den Truppenteilen bei der Durchführung der Anordnung behilflich zu sein, bittet das W.B.Kdo*, für die baldige Übersendung der Listen Sorge tragen zu wollen. Es interessieren dem W.B.Kdo. nicht nur die Personen, welche z.Zt. noch im dies. Bereich wohnen, sondern auch die, welche sich z.Zt. im aktiven Wehrdienst befinden und vor Einberufung im hiesigen Bereich gewohnt haben. Bei Letzteren ist außer der Heimatanschrift auch die jetzige Anschrift bei der Wehrmacht anzugeben.

Aus der Gruppe der Hanauer Sinti war Franz Reinhardt (Jg. 1912) und Albert Delis (Jg. 1912) zur Wehrmacht eingezogen worden.

Anton Delis (Jg. 1920) war seit 1939 beim Reichsarbeitsdienst. Am 14. Mai 1940 hatte er versucht, nach Jugoslawien zu desertieren.[130] Dies steht möglicherweise im Zusammenhang mit den ersten großen Deportationen von Sinti und Roma nach Polen.

Bis 1943 waren alle Sinti und Roma aus der Wehrmacht entlassen wor-

---

*W. B. Kdo = Wehrbezirkskommando

Allgemeine Heeresmitteilungen

Herausgegeben vom Oberkommando des Heeres

Bestellungen bei der Post und Kauf von Einzelnummern im Buchhandel sind ausgeschlossen. Die H. M. werden nur an Heeres dienststellen geliefert; sie sind nach H. Dv. 99 zu behandeln. Erscheinungsweise: 7. u. 21. i. Mts. Schriftleitung und Verlag Oberkommando des Heeres, Abt. Heerwesen/Schriftleitung, Berlin W 35, Lützowufer 6—8. Druck: Reichsdruckerei, Berlin SW 68

8. Jahrgang	Berlin, den 21. Februar 1941	4. Ausgabe

153. Entlassungen von Zigeunern und Zigeunermischlingen aus dem aktiven Wehrdienst.

Für die Heranziehung von Zigeunern und Zigeunermischlingen zum aktiven Wehrdienst gelten die mit Erlaß R. K. M. 12 i 10. 36 AHA/E (Ia) Nr. 1b10/37 geh. vom 26. 11. 1937 bekanntgegebenen Richtlinien.

Danach sind vollblütige Zigeuner und Personen mit auffälligem Einschlag von Zigeunerblut (Zigeunermischlinge) als zur Ableistung des aktiven Wehrdienstes nicht geeignet der Erf. Res. II zu überweisen.

Diese Bestimmung ist nicht überall genügend beachtet worden, so daß, wie verschiedene Entlassungsgesuche zeigen, immer noch Personen der vorbezeichneten Art sich im Heer befinden und zum Teil auch ausgezeichnet oder für Auszeichnungen vorgeschlagen sind.

Aus rassepolitischen Gründen wird bestimmt:

1. Neueinstellungen von Zigeunern oder Zigeunermischlingen (auch Freiwilligen) in den aktiven Wehrdienst sind unzulässig.

2. Etwa noch im aktiven Wehrdienst stehende Zigeuner oder Zigeunermischlinge sind unverzüglich nach W. (G. § 24 (2) b) wegen mangelnder Eignung aus dem aktiven Wehrdienst zu entlassen und der Erf. Res. II (-n. z. v.-) bzw. Landw. II (-n. z. v.-) zuzuteilen.

3. Verleihungen von Auszeichnungen an Zigeuner und Zigeunermischlinge haben zu unterbleiben.

Um die Durchführung der Maßnahmen zu 1 und 2 zu erleichtern, hat der Reichsführer ff und Chef der Deutschen Polizei das Reichskriminalpolizeiamt beauftragt, für die hier in Frage kommenden Personen besondere Erfassungslisten, getrennt nach vollblütigen Zigeunern und Zigeunermischlingen, mit Angabe des Geburtsdatums sowie der Anschrift aufzustellen und den zuständigen Wehrersatzdienststellen zu übersenden.

Die Wehrersatzdienststellen haben in dieser Liste enthaltenen Personen, soweit sie irrtümlich in das Heer eingestellt sind, den beteiligten W. Kdos. namhaft zu machen.

O. K. W., 11. 2. 41
$\frac{12 e/f}{11 628/40}$ AHA/Ag/E (Ia)

Allgemeine Heeresmitteilungen vom 21. Februar 1941, Titelblatt

den und die früheren Soldaten samt ihren Familien in die Vernichtungslager verbracht worden.

Als dann der Krieg fast schon zu Ende war, wurden die noch lebenden Sinti und Roma, die schon Soldat gewesen waren, noch einmal eingezogen, um entweder in der Wehrmacht oder in der SS-Division Dirlewanger[131] in vorderster Front gegen die herannahende Rote Armee mitzukämpfen. Viele sind dabei umgekommen, andere wurden von den sowjetischen oder auch britischen Truppen im Mai 1945 gefangengenommen.

Der Hanauer Sinto Albert Delis war einer dieser Männer.

Er schrieb später in einer Eidesstattlichen Versicherung, dass er *Ende Februar, Anfang März 45 [...] in das Konzentrationslager Sachsenhausen überführt [wurde]. Von dort wurde ich in ein Strafbataillon der Wehrmacht eingezogen. Anfang April 1945 ging ich bei dieser Einheit flüchtig und kam in englische Gefangenschaft. Auf meine Vorsprache bei der Militärregierung wurde ich aus der Kriegsgefangenschaft entlassen.*[132]

Auch der oben erwähnte Franz Reinhardt wurde zunächst zu Beginn des Krieges zur Wehrmacht eingezogen, als »Zigeuner« entlassen und am Ende des Krieges noch einmal eingezogen.

Schule

Die Ausschließung aus der nationalsozialistischen deutschen Gesellschaft bezog sich auf alle denkbaren Bereiche. Seit 1941 konnten Sinti- und Roma-Kinder im Deutschen Reich vom Schulbesuch ausgeschlossen werden, wenn sie *durch ihr Erscheinen* im Unterricht andere Kinder störten oder wenn sie – so schrieb der Vertreter der Kriminalpolizei an die Landräte und Oberbürgermeister – *eine Gefahr* für die anderen Schüler bildeten.[133]

Gleichzeitig wurde von behördlicher Seite immer wieder darauf gedrungen, dass »Zigeunerkinder« die Schule besuchten, weil es die Schulpflicht gebe. Hier herrschte auf Gesetzgebungs- und Verwaltungsebene größere Unklarheit, zumal der entsprechende Erlass über die Möglichkeit des Ausschlusses der Kinder vom Unterricht nur mitgeteilt, nicht aber veröffentlicht wurde.

Wenn man die Konsequenzen der Ausführungen genau liest, lag es also im Ermessen der Schulen, der Lehrer und der »deutschblütigen« Eltern, ob die erwähnten Kinder vom Schulbesuch ausgeschlossen wurden.

Es gibt einige Beispiele, dass Sinti- und Roma-Kinder nunmehr nicht nur diskriminiert, sondern vollständig ausgegrenzt wurden. In Frankfurt wurden zum Beispiel die Kinder vom Unterricht ausgeschlossen, auch in einigen anderen hessischen Städten und Gemeinden wie etwa in Dreihausen.

Über die Kinder, die 1943 aus Hanau nach Auschwitz deportiert wurden, liegen heute nur noch wenige Unterlagen vor. Ob es in Hanau – wie in anderen Städten – zum Ausschluss aus der Schule kam, ob Schulleitungen oder auch Eltern gegen die Beschulung von sogenannten »Zigeunerkindern« auftraten, lässt sich nicht mehr genau ermitteln, aber es scheint so, als hätten die Kinder die Schule bis einen Tag vor ihrer Deportation besucht.

Einem Schreiben des damaligen Konrektors der Pestalozzi-Schule an den Rechtsanwalt von Rosa R. kann man entnehmen, dass anderweitige Angaben über Ausschulungen nicht stimmen müssen. Er führte hier im Jahre 1957 das Zeugnis der früheren Klassenlehrerin von Rosa R. an, die sich noch gut an die frühere Schülerin erinnern konnte.[135]

Mangels vollständiger Unterlagen lassen sich so weder sichere Aussagen über einen Ausschluss noch über ein Verbleiben in der Schule machen.

Zulassung von Zigeunern und Zigeunermischlingen zum
Besuch öffentlicher Volksschulen.

RdErl. des RSHA vom 1.11.1941 - V A 2 Nr. 981 /41 -

1) Der Reichsminister für Wissenschaft,Erziehung und Volksbil=
dung hat durch RdErl.vom 22. 3. 1941 - E II e 703 - folgendes angeord=
net :

"Anfragen einzelner nachgeordneter Behörden veranlassen mich,
nachstehend meinen Erl.vom 15.6.1939 - E II e 624/39 - an das Ministe=
rium für innere und kulturelle Angelegenheiten in Wien allgemein be=
kanntzugeben. Dieser Erlaß lautet :

"(1) Die Zulassung von Zigeunerkindern,die die deutsche Staatsangehörigkeit nicht besitzen und demgemäß nicht schulpflichtig sind,
ist grundsätzlich abzulehnen. Soweit aus der Tatsache, daß diese Kin=
der nicht beschult sind, der öffentlichen Sicherheit und Ordnung Ge=
fahren erwachsen, wird es Sache der Polizeiverwaltung sein, mit ent=
sprechenden Maßnahmen, gegebenenfalls mit der Ausweisung gegen diese
Elemente einzuschreiten."

(2) Bei Zigeunerkindern,die die deutsche Staatsangehörigkeit
besitzen und daher schulpflichtig sind,wird eine grundsätzliche Ab =
lehnung der Aufnahme in die öffentlichen Volksschulen nicht angängig
sein. Da die Zahl der Zigeunerkinder in der Regel hierfür nicht aus=
reicht, wird es auch nicht möglich sein, für sie besondere Schulen
einzurichten. Soweit solche Kinder in sittlicher oder sonstiger Be=
ziehung für ihre deutschblütigen Mitschüler eine Gefahr bilden,können
sie jedoch von der Schule verwiesen werden. In solchen Fällen wird es
sich empfehlen, die Polizeibehörde entsprechend zu benachrichtigen.

(3) Bei der Behandlung von Negermischlingen ist nach den glei
-chen Grundsätzen zu verfahren. "

(2). Dieser Erlaß ist nicht weiter zu veröffentlichen.
An Sicherheitspolizei u.SD. - Befehlsblatt S. 267.

staatliche Kriminalpolizei   Kassel, am 29. Dezember 1941
Kriminalpolizeistelle Kassel.
Nr. 15.

Ausschließlich

den Herrn L a n d r a t

in G e l n h a u s e n

mit der Bitte um Kenntnisnahme und zum Verbleib über L
sandt.

Jn Vertretung
gez. Nitsche.

Beglaubigt:

Kriminalinspektor.

*Ausschluss von »Zigeunerkindern«
vom Unterricht (1938/1941)* [134]

Die Rassenforscher

Eine besondere Rolle für die Erfassung und damit auch für den Völkermord an Sinti und Roma nahmen die Rassenforscher ein, deren Rolle lange Zeit im Dunkeln geblieben ist und die nach dem Ende des NS-Regimes auch kaum zur Rechenschaft gezogen worden sind.

Unter der Leitung von Dr. Dr. Robert Ritter[136] wurde 1936 beim Reichsgesundheitsamt in Berlin eine sogenannte *Rassenhygienische Forschungsstelle* eingerichtet. In diesem Institut, das nach 1939 dem Reichssicherheitshauptamt (RSHA) untergeordnet war, wurden die Gutachten erstellt, die scheinbar wissenschaftlich untermauert die Vernichtung der Sinti und Roma rechtfertigten. Dass die Rassen- oder Kriminalbiologie keine Wissenschaften im heutigen Sinne sind, sondern Ideologien im wissenschaftlichen Gewande oder Pseudowissenschaften, sei zumindest erwähnt.

Eine der Hauptaufgabe der Forschungsstelle war die möglichst lückenlose Erfassung der »Zigeuner und Zigeunermischlinge« in Deutschland. Bis zum Beginn des Jahres 1941 waren in Deutschland etwa 20.000 – 30.000 Menschen namentlich erfasst und katalogisiert. Die *Aufdeckung und Erfassung der Zigeunerstämme und der Mischlingsgruppen*, so der Leiter der Forschungsstelle, war nicht wissenschaftlicher Selbstzweck, sondern diente bewusst dazu, Unterlagen *für die in Kürze zu erwartenden einschneidenden Maßnahmen* gegen Sinti und Roma bereitzustellen.[137] Ritter schrieb Anfang 1940 von *weitreichenden Evakuierungsmaßnahmen*, das hieß Vertreibung oder Verschleppung.[138]

Hinsichtlich der Sinti- und Roma-Bevölkerung hatten Robert Ritter und seine Mitarbeiterinnen und Mitarbeiter durchaus eindeutige Vorstellungen. Schon ein Jahr vor der Schaffung der *Rassenhygienischen Forschungsstelle* hatte er auf dem Internationalen Kongress für Bevölkerungswissenschaften 1935 in Berlin im Sinne des Nationalsozialismus gesprochen, als er die Sterilisierung von sogenannten »Zigeunermischlingen« empfohlen hatte, um die Anzahl der potentiellen Kriminellen zu vermindern. Er ging er in seinen Darlegungen von der erblichen Veranlagung zur Kriminalität und sogenannten Asozialität aus, die bei einer Mischbevölkerung im Sinne der Rassenideologie besonders groß seien.[139] Dass es Ritter selbst nicht um Umsiedlung oder Vertreibung ging, sondern um die Beseitigung dieser Menschen zeigt ein weiteres Zitat aus einem Arbeitsbericht: *Die Rassenhygienische Forschungsstelle ist schon heute in der Lage, sich über den Mischlingsgrad und den Erbwert jedes einzelnen sogenannten Zigeuners sachverständig zu äussern, sodass der Inangriffnahme rassenhygienischer Massnahmen nichts mehr im Wege steht. Jeder andere Versuch, so etwa der, die noch fortpflanzungsfähigen Zigeuner über die Reichsgrenze nach Osten abzuschieben, wird auf die Dauer gesehen ohne Erfolg sein.* (Unterstreichungen im Original)[140]

Ritters weitere »Forschungen« und die seines Stabes kreisen um die Frage, wer als »Zigeuner und Zigeunermischling« wie aus der rassistisch definierten deutschen Volksgemeinschaft auszugrenzen sei. Ausgehend von sogenannten *rassenbiologischen* und *bastardbiologischen* Theorien suchte er nach messbaren Ergebnissen, die die Unterlegenheit der ethnischen Minderheit belegen sollten. Vor allem seine Mitarbeiterinnen trugen Ergebnisse über Nasenlänge, Ohrengröße, Kopfgröße usw. der deutschen Sinti und Roma zusammen. Wesentlich wichtiger war aber, dass bei diesen durch die Kriminalpolizei geleiteten Untersuchungen auch Angaben über die Verwandtschaftsverhältnisse gesammelt wurden, die die fast vollständige Erfassung der Sinti- und Roma-Bevölkerung ermöglichten. Ritter hatte moniert, dass man *unzählige Zigeuner [...] als solche nicht erkannt und daher nicht erfasst* habe.[141] Das heißt, weit mehr als die anthropologischen Untersuchungen führten die genealogischen Recherchen zu einer lückenlosen Erfassung der Sinti und Roma.

Zum Zwecke der Erfassung reisten die Mitarbeiterinnen und Mitarbeiter von Dr. Ritter durch das ganze Deutsche Reich. Ihre »quasi erkennungsdienstlichen Untersuchungen« nahmen die »Fliegenden Arbeitsgruppen« schon im Frühjahr 1937 auf. 1938 waren sie nachweisbar in der Pfalz, in Württemberg, in Baden und in Hessen, 1939 in Berlin und 1940 in Thüringen, in Westfalen, dann im April 1940 in Hamburg und

Neumünster, im Spätsommer 1940 in Österreich usw.[142] Die Erfassungen wurden bis 1942 oder 1943 fortgesetzt und immer wieder ergänzt, um so dem rassenpolitischen Auftrag an die Forschungsstelle nachzukommen: »Zigeuner« zu enttarnen, ob *einschlägige fragwürdige Personen aus der Wehrmacht zu entlassen* seien und *unter die polizeilichen Zigeunerbestimmungen fallen.*[143]

In den Gutachten wurden Daten der untersuchten Personen zusammengetragen, die zur Klassifizierung als *Zigeuner* oder *Zigeunermischling* mit unterschiedlichem deutschen Blutanteil im Sinne der Rassenlehre dienten.[144]

Im Runderlass des Reichsführers-SS und Chefs der Deutschen Polizei im Reichsministerium des Innern vom 7. August 1941 wurden Vorschriften für die Auswertung der Rassebiologischen Gutachten formuliert:[145]

Rassistische Einteilung der Sinti und Roma[146]

1. Z

bedeutet Zigeuner, d.h. die Person ist oder gilt als Vollzigeuner bzw. stammechter Zigeuner;

2. ZM + oder ZM (+)

bedeutet Zigeunermischling mit vorwiegend zigeunerischem Blutanteil;

3. ZM

bedeutet Zigeunermischling mit gleichem zigeunerischen und deutschen Blutanteil.

(1) In Fällen, in denen ein Elternteil Vollzigeuner, der andere Elternteil deutschblütig ist, ist dieses in der Kennzeichnung »ZM 1. Grades« besonders vermerkt.

(2) In Fällen, in denen ein Elternteil ZM I. Grades, der andere Teil Elternteil deutschblütig ist, ist dieses durch die Kennzeichnung »ZM II. Grades« besonders vermerkt.

4. ZM – oder ZM (-)

bedeutet Zigeunermischling mit vorwiegend deutschem Blutanteil;

5. NZ

bedeutet Nicht-Zigeuner, d.h. die Person ist oder gilt als deutschblütig.

Die Einteilung in fünf verschiedene »Zigeunergruppen« wurde noch einige Male zwischen 1940 und 1942 geändert. Im Prinzip blieb es aber dabei, dass sogenannte »Zigeuner« und »Zigeunermischlinge« erfasst wurden.

Nach Ritter existierten neben den genealogisch feststellbaren Kriterien auch fünf entscheidende Merkmale zur Unterscheidung von »Zigeunern« und »Zigeunermischlingen«:

1. Gesamteindruck und körperliche Merkmale

2. Zugehörigkeit zur Zigeunersippengemeinschaft

3. Gebundenheit an die Stammesgesetze (von Geburt an)

4. die »zigeunerische« Lebensweise

5. Abstammungsnachweis

Hier war der Willkür Tür und Tor geöffnet. Hatte der Rassenforscher oder auch ein Behördenmitarbeiter den Eindruck, dass er einen »Zigeuner« vor sich hatte, so konnten weitere Nachforschungen in Gang gesetzt werden.

Die Gutachten, die schließlich von den Rassenforschern erstellt wurden, die keinerlei wissenschaftlichem Anspruch standhalten und von denen es ungefähr 20.000 bis 24.000 Stück gegeben hat, dienten 1943 als Grundlage für die Art der Verfolgung: Deportation in das Vernichtungslager oder Sterilisierung.

Die Gutachten gelten heute als verschollen. Bis 1960 erfüllten sie aber ihren Zweck als erkennungsdienstliches Material bei der Kriminalpolizei München, beim Aufbau einer Landfahrerzentrale, das heißt zur fortgesetzten Diskriminierung einer ethnischen Minderheit.[147]

Die Deportation der Sinti und Roma nach Auschwitz

Über das Schicksal der in Deutschland noch lebenden Sinti und Roma wurde endgültig im Verlauf des Jahres 1942 entschieden. Dabei konkurrierten verschiedene Richtungen innerhalb des Machtgefüges des nationalsozialistischen Staates um die Federführung und um Details der »Beseitigung« der Sinti und Roma.

In einer Besprechung, dessen Ergebnis auch als »Himmler-Thierack-Abkommen« bezeichnet werden kann, kamen das Justizministerium und die SS überein, dass sogenannte *asoziale Elemente aus dem Strafvollzug [...] Juden, Zigeuner, Russen und Ukrainer [...]* an den Reichsführer SS zur *Vernichtung durch Arbeit* ausgeliefert werden sollten.[148]

Nach weiteren Erfassungsarbeiten im Deutschen Reich sollten schließlich gemäß eines Befehls des Reichsführers-SS vom 16. Dezember 1942 Sinti und Roma aus Deutschland in das Vernichtungslager Auschwitz verschleppt werden. Ausgenommen wurden – wie bei den Juden – diejenigen, die mit sogenannten »Deutschblütigen« verheiratet waren.

Mit Datum vom 29. Januar 1943 wurde der entsprechende Schnellbrief des Reichssicherheitshauptamtes den zuständigen regionalen und lokalen Stellen zugeleitet, ohne dass ein genauer Termin der jeweiligen Deportation bekannt gegeben wurde. Doch bis zum 1. April des Jahres sollte die Deportation abgeschlossen sein.

Auszug aus dem Schnellbrief des Reichskriminalpolizeiamtes zur Deportation der Sinti und Roma vom 29. Januar 1943[149]

I.

Auf Befehl des Reichsführers SS vom 16.12.42 Tgb .Nr.I. 2652/42 Ad./RF/V. sind Zigeunermischlinge, Rom-Zigeuner und nicht deutschblütige Angehörige zigeunerischer Sippen balkanischer Herkunft nach bestimmten Richtlinien auszuwählen und in einer Aktion von wenigen

Wochen in ein Konzentrationslager einzuweisen. Dieser Personenkreis wird im nachstehenden kurz als »zigeunerische Personen« bezeichnet.

Es existiert das Protokoll einer Sitzung im Januar 1943, in der konkreter als im Schnellbrief über die Zukunft der Sinti und Roma beschlossen wurde.[150] Vor allem wurde festgelegt, was mit den zurückgebliebenen Personen, das heißt, die nicht ins Vernichtungslager Auschwitz deportiert worden waren, geschehen sollte.

Unter anderem hieß es hier:

[...] a) Die Unfruchtbarmachung der Zigeunermischlinge mit vorwiegend zigeunerischem und derjenigen mit gleichem zigeunerischem und nichtzigeunerischem Blutsanteil ist anzustreben. Soweit sie sich mit einer Unfruchtbarmachung nicht einverstanden erklären, ist zu prüfen, ob sie ebenfalls in ein KL. einzuweisen sind.

Nach den zuvor erstellten Erfassungslisten wurden die Sinti und Roma überall seit Ende Februar, Anfang März 1943 verhaftet, an Sammelstellen zusammengeführt und dann in Zügen der Reichsbahn nach Auschwitz deportiert. Gemäß eines ergänzenden Erlasses des Reichministers des Innern vom 26. Januar 1943 wurde das Eigentum der nach Auschwitz verschleppten Personen für den deutschen Staat eingezogen. Auf der Grundlage des *Gesetzes über die Einziehung volks- und staatsfeindlichen Vermögens vom 14. Juli 1933* und nachfolgender Verordnungen befand der NS-Minister, *dass die Bestrebungen der auf Befehl des Reichsführers-SS vom 16.12.1942 in ein Konzentrationslager einzuweisenden zigeunerischen Personen volks- und staatsfeindlich bzw. reichsfeindlich gewesen sind.*[151] Der Raub an dem Eigentum der nach Auschwitz verschleppten Personen wurde für einige größere Städte auch im Staatsanzeiger veröffentlicht.[152]

Enteignung

Mit der Verhaftung wurden die Sinti und Roma in Deutschland auch enteignet. Ihr Hab und Gut wurde ihnen geraubt, zum Teil von Nachbarn entwendet, zum Teil auch von den Finanzbehörden versteigert.

Albert Delis, der den Völkermord überlebte, gab später an, wie viel abhanden gekommen war, ohne damals Genaueres über den Verbleib seiner Wohnungseinrichtung oder seines Geldes zu wissen.

Bei meiner Festnahme am 22. 3. 1943 durch die Gestapo wurde meine gesamte Wohnungseinrichtung, bestehend aus 2 Zimmern, Küche und sonstige Hausratsgegenstände wie Wäsche, Kleider und Schuhe von mir, meiner Frau und meinen sechs Kindern, die zu gleicher Zeit verhaftet worden sind, beschlagnahmt. Ich habe diese Gegenstände nie zurückerhalten.

Vermutlich sind sie anderweitig verwertet worden. Ausserdem ist mir ein Bargeldbestand von RM 800,- und meiner Frau Schmuck im Werte von RM 400,- abgenommen worden.

Der damalige Anschaffungswert der abhanden gekommenen Sachen zuzüglich des Wertes des Schmuckes und des abgenommenen Bargeldes dürfte RM 6.000,- betragen haben.[153]

6.000 RM stellten eine große Summe Geld dar. Ein Volkswagen hätte 990 RM kosten sollen.[154]

Auch andere Fälle sind dokumentiert:

So wurde nach dem Krieg der Kriminalobersekretär i.R. Karl Roth zur Sache vernommen, der die Beschlagnahme der Gegenstände durch Finanzbehörden bestätigte. Dieser gab zu Protokoll:

Über die Einrichtungsgegenstände des im Jahre 1943 deportierten Ferdinand Delis, wohnhaft in Hanau, Akademiestraße 40, kann ich keine Angaben machen. Mir ist wohl bekannt, daß die Einrichtungsgegenstände in der Akademiestraße 40 abgeholt und vom Finanzamt

Hanau sichergestellt wurde. Über den weiteren Verbleib der Möbel kann ich keine Angaben machen.[155]

Ein Nachbar der Familie Ferdinand Delis bestätigte aus seiner begrenzten Sicht diese Angaben und führte weiter aus:

[...] Ich wohnte mit meiner Familie bis Dezember 1944 in Hanau, Akademiestraße 40. Im gleichen Hause wohnte auch die Familie Ferdinand Delis. Die Familie Delis wurde im Jahre 1943 in das Konzentrationslager Auschwitz abtransportiert.

Herr Delis arbeitete ständig bis zu seinem Abtransport im Straßenbau oder auf dem Bau. Familie Delis hatte in der Akademiestraße 40 eine 3-Zimmerwohnung inne. Ich habe laufend bei ihnen freundschaftlich verkehrt und kenne auch die Wohnungseinrichtung. Es war ein fast neues Schlafzimmer vorhanden. Das Schlafzimmer wurde einige Monate vor der Deportation gekauft. Die Kinderzimmer waren mit den üblichen Möbeln ausgestattet. Einige Zeit nach dem Abtransport wurde die Möbel abgeholt. Bei diesem Abtransport der Möbel war der ehemalige Kriminalbeamte Roth zugegen. Wohin die Möbel gekommen sind, kann ich nicht sagen. [...][156]

Der 23. März 1943

Anfang bis Mitte Februar 1943 wurden die nachgeordneten lokalen Stellen vom Regierungspräsidenten in Kassel darüber informiert, dass am 23. März die Sinti und Roma aus Marburg, Hersfeld, Fulda und Kassel nach Auschwitz deportiert werden sollten. Überall wurden jetzt die Züge zusammengestellt, die auch die Hanauer Sinti über Dresden und Breslau nach Auschwitz brachten.

Für die Verwaltungen schien diese Deportation – 1959 – nicht mehr als eine Abmeldung zu sein.

Die Barbara Delis, Händlerin, geboren am 10. 7. 1884 in Nordheim, ledig, hat mit Unterbrechungen seit dem 15. 2. 1919 in Hanau a.M. gewohnt, zuletzt Steingasse 3.

Am 23. 3. 1943 kam sie zur Abmeldung nach Auschwitz. Eine Anmeldung ist nicht wieder erfolgt.[157]

Barbara Delis war im Jahre 1944 ermordet worden.

Es gibt auch andere Beschreibungen der Deportation. Überlebende des Völkermordes, aber auch Polizeibeamte, haben diese »Abmeldung« beschrieben.

In der Erklärung des Sinto Willi Winter vom 7. Mai 1958 hieß es:

Plötzlich im Jahr 1943, etwa im Februar, erschienen Gestapoleute in der Wohnung und verhafteten meinen Vater und alle Geschwister. Wir durften nur das Notwendigste mitnehmen: Toilettenzeug, 2 Decken, 1 Mantel, die Kleidungsstücke, die wir am Leibe hatten, und etwas Mundvorrat. Alles andere, die Wohnungseinrichtung, Möbel, Betten usw. musste in der Wohnung bleiben. Wir wurden dann zum Marktplatz geschafft, wo wir unter Bewachung von Gendarmeriebeamten verblieben, bis alle Zigeuner und anderen Verfolgten zusammengebracht waren. Dann wurden wir zum Bahnhof eskortiert und in Viehwaggons verladen. Vor diesem Zeitpunkt hatte ich keine Ahnung, daß uns eine Verhaftung drohte. Ob mein Vater davon wusste, kann ich heute nicht mehr sagen.

Die ganze Familie wurde dann im Viehwaggon direkt ins Konzentrationslager Auschwitz geschafft.[158]

Der Sinto Albert Delis, Jahrgang 1912, wurde ebenso wie die anderen Sinti am 22. beziehungsweise 23. März 1943 festgenommen.[159]

Der Polizei-Meister Fritz Stieglitz bestätigte diese und andere Aussagen:

Ich bescheinige Herrn Albert Delis, geb. am 20. 4. 1912 in Hain, wohnhaft Hanau, Diebacher Weg 52, dass ich ihn im März 1943 im Auftrage der Gestapo Hanau nach dem KZ.-Lager Auschwitz verbracht habe. Aus welchem Grunde war mir nicht bekannt, wahrscheinlich wegen seiner rassischen Zugehörigkeit (Zigeuner).[160]

Die Verwandten von Albert Delis wurden ebenfalls verhaftet und deportiert.

Ich bescheinige, Herrn Anton Delis, geb. am 9. 5. 1919 in Retsstadt, daß ich ihn im März 1943 im Auftrage der Gestapo Hanau nach dem KZ.-Lager Auschwitz verbracht habe.[161]

In einer anderen Eidesstattlichen Versicherung war der Polizeibeamte genauer, auch hinsichtlich seiner Tätigkeit und seiner Auftraggeber.

Ich war im Frühjahr 1943 als Pol.-Meister in Hanau damit beauftragt, die in Hanau ansässigen Zigeuner zu einem Transport zusammenzustellen, um diese in das KZ. Auschwitz zu überführen. Ich bemerke hierzu, dass damals generell angeordnet wurde, sämtliche Zigeuner festzunehmen, ohne Rücksicht darauf, ob ihnen im Einzelfall eine strafbare Handlung nachgewiesen werden konnte oder nicht. Es wurden Frauen und Kinder als auch Männer und sogar Säuglinge damals festgenommen. Soweit Zigeuner einen Arbeitsplatz inne hatten, wurden sie von dort weggeholt.

[...] Es handelte sich damals um eine Aktion gegen alle Zigeuner im Reichsgebiet, die auf Befehl höchster Stelle angeordnet wurde und geheim durchgeführt werden musste.[162]

In der Eidesstattlichen Versicherung von Auguste Hoffmann heißt es:

Mein Bruder Anton Delis, geb. am 9. 5. 1920 wurde bei der allgemeinen Zigeuneraktion gleichzeitig mit mir und unserer ganzen Familie am 20. 3. 43 verhaftet und nach Auschwitz verbracht.[163]

Was Auschwitz für die Betroffenen bedeutete, war ihnen nicht klar. Vielfach wurde ihnen bei der Festnahme versprochen, dass sie nach Polen oder Oberschlesien umgesiedelt werden sollten und Land bekommen würden, um dort zu leben.[164]

Die Aktion erschien als eine Fortsetzung der Deportationen von 1940, die den Sinti und Roma bekannt war.

Konzentrations- und Vernichtungslager

Das Vernichtungslager Auschwitz bestand schon seit 1940, als Sinti und Roma aus dem Deutschen Reich dort eingeliefert wurden. Bis 1942 waren es vor allem Juden, die in das Lager verschleppt worden waren. Allerdings waren auch vereinzelt Sinti und Roma nach Auschwitz deportiert worden. Ende 1942 wurde das Lager in Birkenau um den Abschnitt IIe erweitert, der als *Familienlager, Zigeunerlager* oder *Zigeuner-Familien-Lager* bezeichnet wurde. Als der erste Transport von Sinti und Roma aus dem Deutschen Reich am 26. Februar 1943 Birkenau erreichte, war das Lager noch nicht einmal fertiggestellt. Weil es noch kein Wasser und keine Kanalisation gab, herrschten hier katastrophale hygienische Bedingungen.

Innerhalb der nächsten Monate wurden einige zehntausend Sinti und Roma aus dem Reichsgebiet in das Vernichtungslager verschleppt. Es folgten Sinti und Roma aus den vom Deutschen Reich besetzten Gebieten. Etwa siebzehntausend der mehr als zwanzigtausend registrierten Sinti und Roma wurden allein in Auschwitz ermordet, was aber nicht annäherungsweise die Gesamtzahl der Ermordeten in diesem Lager anzeigt.

Die von den Nationalsozialisten als arbeitsfähig angesehenen Sinti und Roma wurden zunächst in das Hauptlager Auschwitz verbracht, später in verschiedenen *Transporten*, wie es im Hauptbuch heißt, in andere Konzentrationslager. So wurden am 15. April 1944 884 Männer nach Buchenwald und 473 Frauen nach Ravensbrück verschleppt.[165] Von hier wurden diese wieder in andere Lager verbracht, um Sklavenarbeit zu leisten. Etwa sechstausend Menschen blieben in Birkenau zurück. Von diesen wurden noch einmal 918 Sinti und Roma ausgesucht, die am 3. August 1944 als *Neuzugänge: Zigeuner aus Auschwitz* im Konzentrationslager Buchenwald verzeichnet wurden.[166] Sie sollten von diesem KZ in den verschiedenen Produktionsstätten als Arbeitssklaven eingesetzt werden.

Bis Anfang August war die Zahl der in Auschwitz lebenden Sinti und Roma auf etwa dreitausend Menschen zurückgegangen. Diese als nicht arbeitsfähig angesehenen Alten, Frauen und Kinder, wurden in der Nacht vom 2. auf den 3. August 1944 in den Gaskammern ermordet. Die verbliebenen Sinti und Roma hatten sich vergeblich gegen ihre Ermordung gewehrt.[167]

Die Leichen der Ermordeten wurden in der Grube neben dem zur damaligen Zeit nicht arbeitenden Krematorium verbrannt.[168]

Das *Zigeuner-Familien-Lager* war damit *aufgelöst*.

Hanauer Sinti in Konzentrationslagern und in Auschwitz

Josef Delis wurde schon vor der endgültigen Deportation der Sinti und Roma nach Auschwitz, ins dortige Hauptlager, deportiert und von dort 1943 in das »Zigeunerlager« verbracht.

Am 26. November 1942 wurde ich aus rassischen Gründen inhaftiert und kam in das Konzentrationslager nach Auschwitz, wo ich etwa über ein Jahr verbringen musste, um im Frühjahr 1944 in das Konzentrationslager Buchenwald überführt zu werden.[169]

In Auschwitz erhielt Delis die KZ-Nr. 5188, im Konzentrationslager Buchenwald am 17. April 1944, Nr. 40758. Weitere Stationen seiner Deportation waren das Buchenwald-Kommando Niederwerfen am 11. Mai 1944, das Dora-Mittelbau/Kommando Klein Bodungen nach dem 28. Oktober 1944 und weitere Neben-Lager:

Im April 1945 befand ich mich mit meinen Leidensgenossen auf dem Marsch nach dem Konzentrationslager Bergen-Belsen. Nach meinem Eintreffen dort wurden wir zwischen dem 20. und 25. April 1945 (den genauen Tag kann ich nicht mehr angeben) durch die Engländer befreit.[170]

Die große Gruppe der Sinti aus Hanau war am 27. März 1943 in Auschwitz-Birkenau als »Eingang« verzeichnet.[171]

Willi Winter wurde, wie er 1958 schrieb, *als Jugendlicher in einer Sonderabteilung untergebracht und erfuhr noch im Laufe des Jahres 1944, dass mein Vater und meine Geschwister mit Ausnahme der Schwestern Anna und Sabine um Leben gekommen sind. Von meiner Schwester Sabine hörte ich einmal, dass sie ins Konzentrationslager Ravensbrück gebracht worden sei. Seitdem habe ich nichts mehr von ihr gehört. Daß meine Schwester Anna noch am Leben ist, habe ich erst nach dem Krieg in Hanau erfahre, etwa Ende 1946. Von meinem Vater und den anderen Geschwistern habe ich nie wieder etwas vernommen. Ich muß annehmen, dass alle ums Leben gebracht wurden.*

Noch im Jahre 1944 wurde ich in das Lager Nordhausen verlegt. Anfang 1945 wurden wir aus dem Lager Nordhausen vor den einrückenden Russen nach Westen in Marsch gesetzt. Es war einer jener Todesmärsche, wo alle, die nicht weiterkonnten, unbarmherzig erschossen wurden.[172]

In der Eidesstattlichen Versicherung von Albert Delis hieß es:

Im März 1943 [...] wurde ich aus rassischen Gründen inhaftiert und kam in das Konzentrationslager Auschwitz. Mitte 1944 wurde ich von hier in das Konzentrationslager Ravensbrück überführt, wo ich bis zum Februar 1945 war.[173]

Sein Bruder Anton wurde im Lager Auschwitz erschossen. Dort erhielt seine Schwester an Stelle der Mutter die Nachricht.

Da meine Mutter nicht mehr am Leben war, wurde mir von einem SS-Mann im Lager Auschwitz eine Bescheinigung ausgehändigt, dass mein Bruder Anton Delis am 20. 9. 1943 erschossen wurde.[174]

Anton Delis war einer der Sinti gewesen, die versucht hatten, aus Auschwitz zu fliehen. Er und zwei weitere Häftlinge waren gefasst, misshandelt und ermordet worden, wie Amanda M. im Jahre 2001 in einem Interview berichtete.[175]

Emma Delis, die ebenfalls Auschwitz überlebte, litt jahrzehntelang an den Folgen der Haft.

Aus einem Arztbericht des Jahres 1964 über Emma Delis:

Im März 1943 sei plötzlich die ganze Zigeunersippe zusammengetrieben und verhaftet worden. Man sei gemeinsam in das Kz. Auschwitz transportiert worden und dort habe die Sippe eng zusammengedrückt in Schlafbaracken mit 3 Betten übereinander gehaust. Sie sei sofort mit ihren älteren Geschwistern zur Arbeit eingeteilt worden. Man sei in Kolonnen aus dem Lager geführt worden und zu sogen. Planierungsarbeiten gezogen und eingesetzt worden. Das meiste davon seien sinnlose Arbeiten zum Zwecke schikanöser Quälerei gewesen, so z.B. Steine von einem Fleck zum anderen tragen und wieder zurück bringen, Gräben auswerfen und wieder zuschütten. Man schlief eng aneinander und übereinander gelagert auf kahlem Boden und mit nur wenigen Decken Die Ernährung habe aus einer täglichen Brotration mit wenig Margarine bestanden, ausserdem aus Suppe, deren Genuss aber krank machte. Dauernde schwere Erkrankungen, vor allem Ruhr, Typhus, Fleckfieber mit Haarausfall seien bekannt gewesen und ständig und überall aufgetreten. Wer krank wurde, verschwand in die Lazarettbaracke und wurde nicht mehr gesehen. Auf diese Weise habe sie ihre beiden Eltern schon innerhalb der ersten 2-3 Monate verloren. Auch ihre anderen jüngeren Geschwister kamen der Reihe nach um. Die Leichen lagen unbedeckt über einander geschichtet, später wurden sie verbrannt. Die übrige Vernichtungsmaschinerie in Auschwitz sei allen bekannt gewesen, jeder hatte Gelegenheit die ankommenden Transporte, die in die Öfen geleitet wurden, zu sehen. An den Appellen, mitunter stundenlang mit nackten Füssen im Winter, habe sie auch teilnehmen müssen. Einen gewissen Vorzug habe sie anscheinend aus der Tatsache genossen, dass sie ganz hell und blondhaarig war und keinen Zigeunertyp erkennen ließ. Später, als die Eltern tot waren, konnte sich eine Tante um sie kümmern, deren Ehemann, obgleich Zigeuner, deutscher Soldat war und die daher eine bessere Behandlung erfuhr. Aus diesem Grunde sei sie auch von Auschwitz weg in andere Läger gekommen, wo sie überleben konnte. Den Misshandlungen erwachsener Personen, besonders den berüchtigten Prügeleien auf dem Bock habe sie öfter zusehen müssen, sei aber selbst nicht geprügelt worden. Sie habe wohl von einer SS-Frau mal »eine gewischt bekommen«. Sexuellen Zumutungen oder Quälereien war sie nicht ausgesetzt.[...][176]

Von den acht Kindern der Barbara Delis überlebten drei das Tötungslager Auschwitz. Ihre Schwiegertochter Katharina Delis wurde schon
1939 in Frankfurt verhaftet, mit ihren Kindern nach Ravensbrück verbracht und von dort in das Konzentrationslager Lublin deportiert, wo
sie ermordet wurde.

Die beiden Kinder sind später nach Auschwitz *verbracht worden. Sie
sind dort 1943 bezw. 1944 (Anna Delis in Auschwitz) gestorben.*[177]

Der Ehemann Jakob Delis, der von 1938 bis 1945 im Konzentrationslager Buchenwald gefangen gehalten wurde, gab nach dem Kriege an:

*Meine Frau blieb zunächst noch im Frankfurter Lager bis 1940 und
wurde dann in das Lager Ravensbrück verbracht. Sie soll später nach
Lublin verbracht worden und dort umgekommen sein. Meine eigene
Mutter, die in Hanau lebte und zunächst dort geblieben war, wurde 1943
ebenfalls verhaftet und nach Auschwitz verbracht. Bei ihr befanden sich
die beiden Kinder Anna und Anton. Diese kamen mit der Grossmutter
zusammen nach Auschwitz.*[178]

Über das Leben und Sterben von Katharina Delis ist wenig bekannt,
aber es gibt ein Schreiben des Kommandanten des KZs in Lublin über
den Tod der jungen Frau, das an die Mutter Franziska Christ in Fulda
gesandt wurde. Beschönigend wurde der Tod als ein »natürlicher« an-
gegeben. Der geringe Nachlass sollte nach Hanau gesandt werden, obwohl zu diesem Zeitpunkt Barbara Delis schon ein Jahr in Auschwitz
war und wenige Wochen später, am 2./3. August 1944 bei der Auflö-
sung des Lagers vergast wurde.

Schreiben des KZ-Kommandanten in Lublin, 1944 (Abschrift)[179]

Konzentrationslager Lublin   Lublin, den 16. Mai 1944
            Kommandantur
II Az.: 14 k 5/5.44/Be.

Betr.:   Wagner Katharina, geb. 16.11.11

Bezug: Ihr Schreiben vom 17.4.44

An Frau

Franziska Christ
F u l d a

Haimbacherstr.57

Die Kommandantur des Konzentrationslagers Lublin teilt mit, daß Ihre Tochter laut
ärztlicher Feststellung am 9.3.44 an Lungentuberkulose verstorben ist.
Da hier Ihre genaue Adresse nicht bekannt war, wurde die Schwiegermutter Ihrer
Tochter von deren Ableben verständigt.

Der Lagerkommandant

i.V. Unterschrift

SS-Hauptsturmführer

Schreiben des KZ-Kommandanten in Lublin, 1944 (Abschrift)[180]

Konzentrationslager Lublin   Lublin, den 9. Juni 1944
Verwaltung
V 5 Az.: 14/4 a We.-

Betr.:   Nachlaß Ihrer verstorbenen Tochter Katharina Dellis

Bezug: Ihr Schreiben vom 1. 6. 44

An

Frau Franziska C h r i s t

F u l d a

Haimbacherstraße 57

Die Verwaltung des Konzentrationslagers Lublin teilt zu o.a. Schreiben mit, dass sich die Kleidungsstücke Ihrer hier verstorbenen Tochter noch in Ravensbrück befinden. Die Verwaltung des K.L. Ravensbrück hat Anweisung, die Effekten an Frau Barbara Dellis Hanau a. Main Steingasse 3 zum Versand zu bringen. Ebenso wurden die Wertsachen am 25.4.44 an die Adresse abgesandt.

Um Kenntnisnahme wird gebeten.

Unterschrift:

SS-Hauptsturmführer und

                     Leiter der Verwaltung

Weitere Schilderungen von Hanauer Sinti benennen vor allem die Befreiung aus den Konzentrationslagern in Ravensbrück, Bergen-Belsen oder aus den Nebenlagern zu Buchenwald. Manchmal gelang es einzelnen Sinti auch zu fliehen, als die entkräfteten Häftlinge im März und April 1945 auf die sogenannten »Todesmärsche« gebracht wurden.

Kurz und knapp schilderte Willi Winter seine Befreiung, die auch mit seiner Flucht begann.

In der Nähe von Mühlhausen/Thür. gelang es mir, zu entweichen. Ich erhielt dabei einen Streifschuß am Kopf. Von Mühlhausen habe ich mich zu den Amerikanern durchgeschlagen. Ich kam dann in ein amerikanisches Lazarett, und nach meiner Entlassung blieb ich zunächst 1 Jahr in Lemgo, ging dann nach Hanau und später nach München.[181]

Sterilisationen

Nicht alle Sinti und Roma sind deportiert worden. Einzelne, die zum Beispiel mit sogenannten »Deutschblütigen« verheiratet waren, wurden »verschont«, aber sie mussten sich dann als »Zigeunermischlinge« sterilisieren lassen, wollten sie dem Vernichtungslager entgehen. Andere sind sterilisiert worden und wurden trotzdem deportiert.

Schon seit dem Beginn der NS-Herrschaft waren Sinti und Roma der Gefahr der Zwangssterilisierung ausgesetzt gewesen. Dieses Vorgehen gegen die Sinti und Roma war auch in den Vorschlägen Ritters an entsprechende vorgesetzte Institutionen immer wieder vorgetragen worden: Vertreibung/Vernichtung des größten Teils der Sinti und Roma, Sterilisation der übriggebliebenen, die einen größeren Anteil »deutschen Blutes« in sich hatten, um auch deren Fortpflanzung zu verhindern. Das biologisch-rassistische Gedankengut wird auch hier deutlich, dass es nämlich den Nationalsozialisten um eine »Reinerhaltung« der deutschen Rasse ging. Von daher kann man die Sterilisierungspolitik

113

der Nationalsozialisten gegen die Sinti und Roma seit 1933 als eine weitere Variante des Völkermordes bezeichnen. Der Autor einer neueren Untersuchung der Sterilisationspolitik gegen Sinti und Roma geht davon aus, dass zwischen 1934 und 1945 »etwa jedem zehnten Sinti und Roma unter Zwang seine Fruchtbarkeit genommen« worden ist.[182]

Auch in Hanau wurde eine nicht mehr genau zu ermittelnde Zahl von Sinti in die Sterilisierungspolitik einbezogen. Die Sterilisierungen fanden für Hanauer Sinti nicht nur in Hanau statt, sondern auch in Konzentrationslagern wie Ravensbrück oder Sachsenhausen.

Frau W., die nach 1945 zu ihrem aus Hanau stammenden Mann zog, wurde dieser entwürdigenden Prozedur unterzogen wie auch ihre Schwester.[183]

Auch P. D. wurde nach seiner Verbringung aus Auschwitz im Dezember 1944 in Ravensbrück sterilisiert.[184]

Dasselbe Schicksal musste die seinerzeit zwölfjährige R. G. erleiden, die ebenfalls im Konzentrationslager Ravensbrück unfruchtbar gemacht wurde.[185]

Eine weitere dieser von Sterilisierung betroffenen Personen war die 1913 geborene J. R.[186], die lange in der Hanauer Innenstadt lebte. Ihre Eltern waren als »Zigeuner« ermittelt worden. Die Eltern lebten in Frankfurt; der Vater arbeitete dort als Eisenbahner, und die Mutter überlebte den Nationalsozialismus im Frankfurter Internierungslager. J. R. hatte Anfang der dreißiger Jahre den sogenannten »deutschblütigen« A. R. geheiratet und mit ihm drei Kinder, die 1933, 1937 und 1939 geboren wurden.

1944 wurde sie unter der Drohung, andernfalls in ein Konzentrationslager verbracht zu werden, sterilisiert.

In einer eidesstattlichen Erklärung vom 19. Juli 1950 gab sie an:[187]

Ich war mit Herrn A. R., geb. 3. 7. 1910 seit 1933 verheiratet. Da mein Mann Deutscher war, wurde ich nicht in ein Lager verbracht. Im Jahre 1944 wurde ich mehrere Male zur Kriminalpolizei in Hanau bestellt zur Durchführung einer von den höheren Behörden angeordneten Sterilisierung. Nachdem ich einer dreimaligen Aufforderung nicht nach-

gekommen war, erschien der Kriminal-Beamte Roth bei mir in der Wohnung und drohte mit der Verschickung in ein Lager, wenn ich mich nicht sterilisieren liesse. Da ich drei Kinder hatte, das älteste war damals 11 Jahre alt, bleib mir nichts übrig, als mich der Sterilisation zu unterziehen. Die Operation wurde am 27. 2. 1944 im Landkrankenhaus in Hanau vorgenommen.

Der Fall R. ist nicht nur ein Beleg für die Vernichtungspolitik der Nationalsozialisten, sondern auch ein Beispiel für die zum Teil noch im Rassismus verhaftete Denkweise vieler Mitarbeiter der Wiedergutmachungsbehörden.

1950 wird der angemeldete Anspruch der R. auf Wiedergutmachung *in vollem Umfange* versagt:

In der Begründung heißt es zunächst im Entwurf:

Die Antragstellerin hat lediglich behauptet, das sie »aus einer Zigeunersippe« stammt. Einen Beweis hat sie hierfür nicht erbracht; aus der bei den Akten befindlichen Heiratsurkunde in Verbindung mit der hinsichtlich ihrer Person und Abstammung beurkundeten gerichtlichen eidesstattlichen Versicherung der Antragstellerin ist nichts in dieser Hinsicht zu ersehen. Offensichtlich ist sie wegen ihrer körperlichen Beschaffenheit (Zwergfigur) nicht aus rassischen Gründen sterilisiert worden.

Übrigens liegt nach dem Obergutachten des Gesundheitsamtes Wiesbaden nur eine Beeinträchtigung der Erwerbsfähigkeit von unter 30 % vor. Eine solche Erwerbsminderung ist nach § 14 Abs. 2 Ziff. 2 EG* nicht zu entschädigen.[188]

In der Begründung des Schreibens I 6-V 1 vom 12. Oktober 1950 heißt es so auch:

Es ist einmal kein klarer Beweis dafür erbracht, dass Antragstellerin aus einer Zigeunersippe stammt. Aus der bei den Akten befindlichen

---

* *Entschädigungsgesetz*

Heiratsurkunde in Verbindung mit der hinsichtlich ihrer Person und Abstammung beurkundeten gerichtlichen eidesstattlichen Versicherung der Antragstellerin ist in dieser Hinsicht nichts zu ersehen. Selbst wenn man jedoch die Angaben der Antragstellerin als zutreffend unterstellt, eine Sterilisation aus rassischen Gründen also annimmt, ist ein Anspruch trotzdem nicht gegeben. [...][189]

Gegen den Bescheid wurde Widerspruch eingelegt und eine Eidesstattliche Erklärung des Kriminalsekretärs Roth beigefügt, aus der hervorging, dass die Sterilisierungsanweisung aus Berlin kam, dass diese ausschließlich rassistisch motiviert war und in keiner Weise mit dem Verhalten der Person etwas zu tun hatte.

Das Element der »Freiwilligkeit« darf übergangen werden, weil der Druck auf die Personen sehr hoch war und ausgesprochen oder nicht auf die Einweisung in ein Konzentrationslager hindeutete.

1952 schrieb der Polizeibeamte aus seiner Erinnerung:

Im Jahre 1943 kam vom Reichsgesundheitsministerium über unsere Kasseler Kriminalpolizeistelle eine schriftliche Aufforderung an alle noch in Hanau wohnhaften Zigeunermischlinge sowie Zigeuner soweit sie mit Ariern verheiratet waren, dass sie sich freiwillig sterilisieren lassen sollten. Eine Zwangsandrohung war darin nicht enthalten. Allerdings waren sämtliche reinrassigen Zigeuner soweit sie nicht eine Mischehe eingegangen hatten, schon einige Zeit vorher abtransportiert worden. Eine Reihe der Angeschriebenen denen wir diese Aufforderung mitgeteilt hatten, ließen die Sterilisation an sich gleich vornehmen. Frau R. weigerte sich, was von uns nach Kassel berichtet wurde. Die Kasseler Dienststelle wandte sich daraufhin nach Einholung der Feldpostanschrift des Ehemannes R. bei seiner Frau an diesen, um Zustimmung, dass seine Frau unfruchtbar gemacht werde. Diese hat Herr R. erteilt. Nachdem ich der Antragstellerin den betreffenden Bescheid ihres Ehemannes vorgelesen hatte, weinte sie sehr, ging aber daraufhin freiwillig ins Krankenhaus und ließ sich von Dr. Baumecker unfruchtbar machen. Es besteht für mich kein Zweifel, dass die Sterilisation der Antragstellerin ausschließlich aus rassischen Gründen gewünscht wor-

*den ist. Mir kam nichts zur Kenntnis, woraus auf eine vorherige Betei-
ligung des Erbgesundheitsgerichtes geschlossen werden könnte. Die
Antragstellerin genoß einen guten Ruf und war als saubere Hausfrau
bekannt. Soviel mir erinnerlich habe ich die Antragstellerin auf die dem
Schreiben zu entnehmende erbbiologische Begründung dieser Maßnahme hingewiesen.*

*A.V.: Es ist nicht ausgeschlossen, dass ich der Antragstellerin in ihrer
Wohnung auch einmal gesagt habe, es bestünde die Gefahr, dass sie,
falls sie die Sterilisation verweigere, ebenfalls wie zuvor die übrigen Zigeuner in ein Lager käme. [...]*[190]

Die gesundheitlichen Probleme, die sich für Frau R. aus der Sterilisation ergaben, wurden mit Antrag des Innenministeriums vom 23. September 1952 gegenüber der Entschädigungsbehörde auf einen Kunst-
fehler der Ärzte zurückgeführt.

Opfer

Von den rund 25.000 ermittelten deutschen Sinti und Roma haben etwa 4.000 bis 5.000 die Vernichtungs- und Arbeitslager überlebt. Andere haben in seltenen Fällen fliehen oder sich im Einzelfall verstecken
können. Oder sie waren, wenn sie mit sogenannten Ariern verheiratet
waren, sterilisiert worden. Nur selten halfen ihnen Menschen aus ihrer
Umgebung.

Analysiert man die Altersstruktur der Befreiten aus den Vernichtungs-
lagern, die aus Hanau deportiert worden waren, so ist auffällig, dass sich
darunter nur zwei Personen befanden, die 1946 älter als 40 Jahre alt waren. Die Geburtsjahrgänge zwischen 1935 und 1945 fehlen nicht nur für
Hanau fast vollständig.

Um den bisher in der Öffentlichkeit namenlosen Opfern, die am 23.
März 1943 direkt aus Hanau nach Auschwitz deportiert wurden, ihre
Ehre wiederzugeben, seien an dieser Stelle die Namen der Deportier-
ten genannt.

		Geburtsjahr
Therese	Reinhardt	1870
Hendel	Waleska	1873
Barbara	Delis	1884
Maria	Delis	1891
Johann	Winter	1892
Ferdinand	Delis	1893
Lina	Delis	1910
Maria	Delis-Reinhardt	1911
Albert	Delis	1912
Rosa	Laubinger	1913
Amalia	Delis	1914
Anna	Delis	1916
Anton	Delis	1920
Margarethe	Delis	1920
Augusta	Delis	1921
Josef	Delis	1922
Philipp	Delis	1924
Wilhelm	Winter	1925
Rosetta	Delis	1925
Mathilda	Reinhardt	1926
Josef	Reinhardt	1927
Julianna	Delis	1927
Berta	Winter	1928
Rosa	Winter	1928
Josef	Delis	1930
Anton	Delis	1930
Agnes	Reinhardt	1930
Anna	Delis	1930
Rudolf	Winter	1931
Rosa	Reinhardt	1932
Adolf	Winter	1933
Andreas	Delis	1935
Friedrich	Winter	1935
Hugo	Reinhardt	1935
Elisabeth	Laubinger	1935
Gertrud	Winter	1936
Heinrich	Reinhardt	1938
Erna	Delis	1941
Emma	Delis	1941

Auch in Hanau waren die Überlebenden die Ausnahmen.

Nicht vergessen werden sollten auch Jakob Delis, Kathrina Delis oder Sabine Delis, die in die Konzentrationslager Buchenwald oder Ravensbrück deportiert worden waren.

Einige, die überlebt hatten, waren sterilisiert worden.

Epilog
»Wiedergutmachung« und Entschädigung

Eines der unerfreulichsten Kapitel in der Geschichte nach dem Völkermord an den Sinti und Roma ist die sogenannte *Wiedergutmachung* und die Behandlung der Entschädigungsfrage.

Im Gegensatz zu den Juden, die eine breitere, vor allem internationale Lobby hatten, mussten viele Sinti und Roma erleben, wie schwer es sein konnte, als Opfer der NS-Regimes anerkannt zu werden. Zwar gab es für die aus den KZs entlassenen Menschen Hilfen vor Ort über die Wohlfahrtsämter und die Betreuungsstellen. Aber es wurde angezweifelt, ob denn die Betroffenen wirklich aus rassischen Gründen verfolgt worden waren.

Vorurteile gegenüber den Sinti und Roma, die schon vor dem »Dritten Reich« vorhanden waren, lebten auch nach 1945 weiter, wie ja auch der Antisemitismus noch in großem Maße virulent war und blieb.

Schon bald nach dem Ende des Nationalsozialismus gab es wieder Diskriminierungen. Hier einige Beispiele:

Die Internierung im Frankfurter Lager wurde nicht als Haft anerkannt.

Gesundheitsschäden wie in dem oben geschilderten Fall von Frau J. R. wurden nicht anerkannt.

Ausbildungsschäden wurden von den Entschädigungsbehörden nicht anerkannt, weil die Behördenmitarbeiter davon ausgingen, dass Sinti und Roma keinen Beruf erlernen wollten, obwohl sie zum Teil als Schüler oder Lehrlinge deportiert worden waren.

Die Deportation vor 1943 in ein Konzentrationslager wurde bis Ende der fünfziger Jahre nicht als rassistische Verfolgung angesehen, weil die Entschädigungsbehörden der Diktion der Nationalsozialisten folgten, die die Sinti und Roma als »Arbeitsscheue« oder »Asoziale« gekennzeichnet hatten. Dahinter steckte die Idee, dass es nicht rassische Gründe waren, die zur Verfolgung geführt hätten, sondern die sogenannten

»kriminalpräventiven«, zu der – so könnte man folgern – der NS-Staat in dieser Form der versuchten Vernichtung einer ethnischen Minderheit berechtigt gewesen wäre.

Erst zu Beginn der 1980er Jahre verbesserte sich die Lage. Es waren die Nachkommen der Überlebenden, die die Kraft hatten, ihre Rechte und die ihrer Eltern und Großeltern öffentlich einzufordern. Nach der Gründung der Bürgerrechtsorganisationen gelang es in größerem Umfang, die so lange verweigerten »Wiedergutmachungen« durchzusetzen. Auch die Verbrechen an den Sinti und Roma wurden 1982 offiziell von der Politik als Völkermord anerkannt. 37 Jahre nach Ende der Gewaltherrschaft gab die Bundesrepublik Deutschland damit den Ermordeten und den Überlebenden ihre Würde zurück.

Anmerkungen

1   Mitte der 1990er Jahre veröffentlichte der Studienkreis Deutscher Widerstand in seinem »Heimatgeschichtlichen Wegweiser zu Stätten des Widerstands und der Verfolgung«, Band 1, Frankfurt am Main 1995, S. 212f. die Namen und Lebensdaten von 19 in Hanau geborenen und in Auschwitz ermordeten Sinti-Kindern.

2   Herbert Heuß: Darmstadt. Auschwitz. Darmstadt 1995, Udo Engbring-Romang: Wiesbaden. Auschwitz. Darmstadt 1997, Udo Engbring-Romang: Fulda. Auschwitz. Darmstadt 1996, Peter Sandner: Frankfurt. Auschwitz. Frankfurt am Main 1998, Udo Engbring-Romang: Marburg. Auschwitz. Frankfurt am Main 1998. Udo Engbring-Romang: Bad Hersfeld. Auschwitz. Frankfurt am Main 2001. Alle Dokumentationen sind in der von Adam Strauß herausgegebenen Reihe »HORNHAUT AUF DER SEELE« erschienen. In diesem Zusammenhang ist auch noch Herbert Heuß: Die Verfolgung der Sinti in Mainz und Rheinhessen. Landau 1996 zu nennen. Verwiesen sei auch auf Udo Engbring-Romang: Verfolgung der Sinti und Roma in Hessen zwischen 1870 und 1950. Frankfurt am Main 2001

3   G. Aly: »Endlösung«. Frankfurt am Main 1998, S. 11

4   G. Flämig: Hanau im Dritten Reich, Band III. Hanau 1991, S. 114f.

5   R. Gilsenbach: Weltchronik der Zigeuner, Teil 1. Frankfurt am Main 1994, S. 45ff.

6   Ebd.; siehe auch R. Gronemeyer, Zigeuner im Spiegel früher Chroniken und Abhandlungen, Gießen 1987, S.44

7   K. Reemtsma, Sinti und Rom. München 1996, S.17ff.

8   U. Engbring-Romang: Verfolgung der Sinti und Roma, Kap. 2

9   W. Solms: Was ist Antiziganismus? In: NEWSLETTER zur Geschichte und Wirkung des Holocaust Nr. 22, 2002, S. 26

10   H. Heuß: Der Arbeitsbegriff, unveröffentlichtes Manuskript 1999

11 W. Wippermann: Wie die Zigeuner. Berlin 1997, S. 113

12 W. Wippermann: Wie die Zigeuner, S. 103

13 W. Wippermann: Wie die Zigeuner, S. 55f.

14 R. Gilsenbach: Weltchronik, S. 110, 112, 115

15 Hessisches Staatsarchiv Marburg Best. 330 Rotenburg Nr. 956

16 Stadtarchiv Hanau C1, 737

17 W. Solms: Das Naturvolk der Deutschen. In: Udo Engbring-Romang/Daniel Strauß (Hg.): Aufklärung und Antiziganismus. Marburg 2002, S. 51ff.

18 M. Bonillo: Zigeunerpolitik im Deutschen Kaiserreich 1871 bis 1918. Frankfurt am Main u.a. 2001, S. 78

19 M. Bonillo: Zigeunerpolitik, S. 84ff.

20 Hessisches Staatsarchiv Marburg Best.180 LA Marburg Nr. 2397

21 Hessisches Staatsarchiv Marburg Best.180 LA Hünfeld Nr. 2610

22 Hessisches Hauptstaatsarchiv Wiesbaden Abt. 652 Nr. 137. Diese Akte des Landratsamtes Dillenburg hat die Laufzeit 1949 – 1969

23 Zum folgenden u. a. J. S. Hohmann: Geschichte der Zigeunerverfolgung. Frankfurt am Main 1990, S. 66ff.

24 Ministerialblatt für die Preußische Innere Verwaltung 1902, S. 53

25 R. Breithaupt: Die Zigeuner und der deutsche Staat. Diss. Würzburg 1907, S. 72, Anm. 2

26 Stadtarchiv Hanau, E1 Großauheim 990

27 Stadtarchiv Hanau, E1 Großauheim 990

28 Hessisches Staatsarchiv Marburg Best. 180 LA Rotenburg Nr. 2095

29 R. Hehemann: Die Bekämpfung des »Zigeunerunwesens« im Wilhelmi-

nischen Deutschland und in der Weimarer Republik, S. 261

30 R. Hehemann: Bekämpfung, S. 267

31 Hessisches Staatsarchiv Marburg Best. 180 LA Hersfeld Nr. 2766

32 RGBl. vom 4. März 1912, S.189

33 Hessisches Staatsarchiv Marburg Best. 180 LA Hanau Nr. 5850

34 H. Reich: Das Bayerische Zigeuner- und Arbeitsscheuengesetz. Juristische Rundschau 2. Jg., 1926, Sp. 836

35 J. S. Hohmann: Geschichte der Zigeunerverfolgung in Deutschland, S.79

36 Ministerialblatt für die preußische innere Verwaltung Nr. 45, 1927, S. 1045

37 Schreiben des Ministers des Innern an die Kreisämter vom 16. November 1927; zit. nach: H. Heuß: Darmstadt, S. 35

38 Württembergisches Ministerialamtsblatt, 1930, S. 155

39 Ministerialblatt für die preußische innere Verwaltung, 1930, S. 781

40 Ebd.

41 Hessisches Staatsarchiv Marburg Best. 180 LA Hersfeld Nr. 2766

42 Hessisches Staatsarchiv Marburg Best. 180 LA Fulda Nr. 3516

43 Hessisches Staatsarchiv Marburg Best. 180 LA Fulda Nr. 3516

44 Hessisches Staatsarchiv Darmstadt G 21A/1915

45 Der Gerichtssaal Bd. 93, 1926, S. 338ff.

46 Handschriftlich wurde im Entwurf geändert: *Artikel 1: Dieses Gesetz findet Anwendung auf Personen, die 1. infolge ihrer Rassenzugehörigkeit zu den Zigeunern zählen (Zigeuner),* abgedruckt bei H. Heuß: Darmstadt, S. 34, siehe auch ebd. S. 32-46

47 Der Deutsche Städtetag war als Zusammenschluss der großen Kommunen im Deutschen Reich gegründet worden.

125

48 Landesarchiv Berlin Rep. 142 I, Nr. 2266

49 Landesarchiv Berlin Rep. 142 I, Nr. 2266

50 Landesarchiv Berlin Rep. 142 I, Nr. 2266

51 Landesarchiv Berlin Rep. 142 I, Nr. 2266

52 Landesarchiv Berlin Rep. 142 I, Nr. 2266

53 Landesarchiv Berlin Rep. 142 I, Nr. 2266

54 L. Herbst: Das nationalsozialistische Deutschland, Darmstadt 1997, S. 59

55 so etwa die Fuldaer Zeitung, 31. Januar 1933

56 Hanauer Volksstimme, 31. Januar 1933

57 Hanauer Anzeiger, 31. Januar 1933

58 W. K. Höhne, Die Vereinbarkeit der deutschen Zigeunergesetze und -verordnungen mit dem Reichsrecht, insbesondere der Reichsverfassung. Diss. Jur. Heidelberg 1930

59 G. Flämig: Hanau im Dritten Reich, Band I, S. 137ff.

60 Hanauer Anzeiger, 29. März 1933

61 G. Flämig: Hanau im Dritten Reich, Band 1, S. 198ff.; Band 2, S. 289ff.; M. Pfeifer/M.Kingreen: Hanauer Juden, S. 18ff.

62 Hanauer Anzeiger, 29. März 1933

63 Hanauer Anzeiger, 30. und 31. März 1933. Ob die Aktion wirklich ein »Fehlschlag« war, wie Flämig schreibt, hängt von der Frage nach der unmittelbaren oder langfristigen Wirkung ab. Siehe auch Hanauer Anzeiger, 3. April 1933

64 z. B. Hanauer Rundschau – Langenselbolder Zeitung, 17. September 1935

65 W. Stuckart/H. Globke: Kommentare zur deutschen Rassengesetzge-

bung, München 1936, zit. nach D. Kenrick/G. Puxon: Sinti und Roma im NS-Staat, 1981, S. 53

66 M. Zimmermann: Verfolgt, vertrieben, vernichtet, Essen 1989, S. 20f.

67 Magistrat der Stadt Hanau, Rechtsamt: Urkundenregister Nr. 558: Eidesstattliche Versicherung, 3. Juli 1951, RP Darmstadt, Entschädigungsbehörde, Anton Delis, Bl. 27; siehe auch Standesamt Hanau, Eidesstattliche Versicherung, 3. Juli 1951, ebd., Bl. 28.

68 Hier nach: Romani Rose (Hg.),»Den Rauch hatten wir täglich vor Augen«, Heidelberg 1999, S. 34

69 P. Sandner: Frankfurt, S. 58ff.

70 Siehe Artikel im Hanauer Anzeiger, in der Hanauer Rundschau und auch etwa in der Kinzig Wacht, 14. Januar, 15. Januar, 16. Januar, 28. Januar und 28. Februar 1936

71 Hier: Fuldaer Zeitung, 22. Juni 1936

72 Ministerialblatt für die preußische innere Verwaltung, Jg. 1, Nr. 27, 16. Juni 1936, S. 785

73 Bundesarchiv R 58 Nr. 1032

74 RKPA an die Staatliche Kriminalpolizei vom 1. Juni 1938, Hessisches Staatsarchiv Marburg Best. 165 Nr. 3982, Bd. 16

75 Ebd.

76 W. Ayaß: Das Arbeitshaus Breitenau, Kassel 1992, S. 291

77 A. Nebe, 23. Juni 1938, Bundesarchiv R 58 Nr. 473, Bl. 91

78 Amtsgericht Hanau, U I 140/50: Eidesstattliche Versicherung (Durchschrift), RP Darmstadt, Entschädigungsbehörde, Jakob Delis, Bl.22

79 ITS Arolsen an RP Wiesbaden, 22. Mai 1956, RP Darmstadt, Entschädigungsbehörde, Jakob Delis, Bl. 16; siehe auch ITS Arolsen: Inhaftierungsbescheinigung, 1. November 1950 (Fotokopie), RP Darmstadt, Entschädigungsbehörde, Jakob Delis, Bl. 17-19

80 1. Entschädigungskammer beim Landgericht Wiesbaden: Delis gegen Land Hessen, Aussage Jakob Delis, 9. Dezember 1953, RP Darmstadt, Entschädigungsbehörde, Jakob Delis, Bl. 5

81 Landgericht Darmstadt, 2. Wiedergutmachungskammer, Aussage von Johannes Himmelheber am 27. Juli 1953, RP Darmstadt, Entschädigungsbehörde, Jakob Delis, Bl. 54

82 Bundesarchiv R 58 Nr. 273

83 Hessisches Staatsarchiv Marburg Best. 180 LA Wolfhagen Nr. 2322

84 K. Fings/F. Sparing: »...z.Z. Zigeunerlager«, Köln 1992; W. Wippermann: Leben in Frankfurt, Band 2

85 Schreiben des Fürsorgeamtes, Abt. Wohnungsfürsorge der Stadt Frankfurt a.M. an den Oberbürgermeister vom 17. Januar 1938, betr.»Errichtung eines Zigeunerlagers an der Dieselstraße«. Stadtarchiv Frankfurt Mag.-Akte 2203, Bd.1, zit. nach W. Wippermann: Leben in Frankfurt, Band 2, S. 78

86 Amtsgericht Hanau, U I 140/50: Eidesstattliche Versicherung (Durchschrift), RP Darmstadt, Entschädigungsbehörde, Jakob Delis, Bl. 22

87 Eidesstattliche Versicherung vom 14. Juni 1952, Hanau Urkundenregister Nr. 97, Kopie im Archiv des Landesverbandes, Einzelfälle

88 Beschlussbuch der Gemeinderäte 1936, Stadtarchiv Hanau

89 Zitate aus den Akten zum Entschädigungsverfahren, Archiv des Landesverbandes, Einzelfälle

90 Hessisches Staatsarchiv Marburg, Best. 180 LA Fulda Nr. 4258, 1939

91 Der Regierungspräsident in Kassel. Betrifft: Wandergewerbescheine. 26. November 1939. Hessisches Staatsarchiv Marburg Best. 180 LA Fulda, Nr. 4513

92 Abgedruckt bei: H. J. Döring: Die Zigeuner im nationalsozialistischen Staat, Hamburg 1964

93 Deutsches Kriminalpolizeiblatt 12. Jahrgang, 20 März 1938

94   Ebd.

95   Ebd.

96   Reichsgesetzblatt I, 1939, S. 1578-1582, hier § 4

97   S. Milton: Vorstufe zur Vernichtung, Vierteljahrshefte für Zeitgeschichte, 1995, S. 127

98   G. Aly: »Endlösung«, S. 38

99   H. Friedlander: Der Weg in die Vernichtung, Darmstadt 1997, S. 84ff. Abbildung des Schreibens Hitlers ebd. vor dem Titelblatt; siehe auch P. Longerich: Politik der Vernichtung, München 1998, S. 234ff: »In der ›volksbiologischen‹ Perspektive radikaler Nationalsozialisten war es nicht nur legitim, sondern sogar notwendig, die bevorstehenden kriegsbedingten Verluste an ›gesunder‹ Volkssubstanz durch gleichzeitige radikale ›Ausmerzung‹ besonders ›minderwertiger‹ Elemente zu kompensieren.« (ebd.)

100   Rundschreiben von Leonardo Conti, 24. Januar 1940, Bundesarchiv R 18, Nr. 5644

101   Ebd.; siehe auch H. Heuß: Darmstadt, S. 66f.

102   Abgedruckt bei: H. J. Döring: Die Zigeuner, S. 202

103   Hessisches Hauptstaatsarchiv Wiesbaden Abt. 483, Nr. 5747

104   Bildstelle Hanau

105   Hessisches Hauptstaatsarchiv Wiesbaden Abt. 483, Nr. 5747

106   Bildstelle Hanau

107   Hessisches Hauptstaatsarchiv Wiesbaden Abt. 483, Nr. 5747

108   Hessisches Hauptstaatsarchiv Wiesbaden Abt. 483, Nr. 5747. Gleichzeitig wurde der Durchschlag der Schreiben nach Berlin zum Reichskriminalpolizeiamt gesandt. Ebd.

109   Hessisches Hauptstaatsarchiv Wiesbaden Abt. 483 Nr. 5747

110 Hessisches Hauptstaatsarchiv Wiesbaden Abt. 483 Nr. 5747

111 Stadtarchiv Hanau, E 1 Großauheim 990

112 Stadtarchiv Hanau, E 1 Großauheim 990

113 Protokoll der Besprechung am 30. Januar 1940, Bundesarchiv PR 58 Nr. 1032, Bl. 467-471, hier Bl. 470

114 Hessisches Hauptstaatsarchiv Wiesbaden Abt. 407, Nr. 863; siehe auch M. Krausnick, Abfahrt Karlsruhe 16.5.1940, Karlsruhe 1991

115 M. Zimmermann, Verfolgt, vertrieben, vernichtet, S. 46ff., u.a. S. 48

116 Hessisches Hauptstaatsarchiv Wiesbaden Abt. 483 Nr. 5747

117 Hessisches Hauptstaatsarchiv Wiesbaden Abt. 483 Nr. 5747

118 Fa. Fey, Hanau, Bescheinigung, 18. Juni 1952, RP Darmstadt, Entschädigungsbehörde, Albert Delis, Bl. 33

119 Hanauer Gummischuhfabrik AG, Lohnbüro: Verdienstbescheinigung, 23. März 1950, RP Darmstadt, Entschädigungsbehörde, Josef Delis, Bl. 23

120 Amtsgericht Hanau, UR I 209/50, Eidesstattliche Versicherung, 21. März 1950, RP Darmstadt, Entschädigungsbehörde, Josef Delis, Bl. 18

121 Allgemeiner Vertreter des Landesinteresses bei der Fachbehörde RP Wiesbaden an Fachbehörde, 15. Januar 1951, RP Darmstadt, Entschädigungsbehörde, Josef Delis, Bl. 28; auch: RP Wiesbaden an Magistrat Hanau, Anmelde- und Vorprüfstelle, 20. Januar 1951 (Entwurf), RP Darmstadt, Entschädigungsbehörde, Josef Delis, Bl. 29

122 Anordnung des Reichsarbeitsministers vom 13. März 1942 über die Beschäftigung von Zigeunern, Reichs-Arbeits-Blatt Nr. 11/12 vom 15.4.1942, S. I/166; siehe auch RGBL I 1942, S. 149

123 Bestätigung von Heinrich Biel, Frankfurt am Main, 22. März 1950, Kopie im Archiv des Landesverbandes, Einzelfälle

124 Archiv des Landesverbandes, Einzelfälle

125 Reichs-Arbeits-Blatt 1942

126 Schnellbrief des Oberbürgermeisters von Berlin vom 26. Oktober 1942, betr. Zulagekarte für Zigeuner, Bundesarchiv R 36, Nr. 2649, Bl. 9

127 Verordnung über die einkommensteuerliche und vermögensteuerliche Sonderbehandlung der Zigeuner. Vom 24. Dezember 1942. RGB I. 1942, Teil I. S. 749

128 Befehlsblatt des Chefs der Sicherheitspolizei und des SD, Nr. 15 vom 17.8.1940. Zitiert nach J. S. Hohmann: Robert Ritter und die Erben der Kriminalbiologie. Frankfurt am Main 1991, S. 96

129 Hessisches Staatsarchiv Marburg Best. 180 LA Marburg, Nr. 4331

130 Hessisches Hauptstaatsarchiv Wiesbaden Abt. 483 Nr. 5747

131 Die Kampfeinheit wurde auf Vorschlag von Dr. Dirlewanger 1944 geschaffen. In ihr sollten Häftlinge kämpfen.

132 Amtsgericht Hanau UR I 210/50: Eidesstattliche Versicherung Albert Delis, 21. Mai 1951, RP Darmstadt, Einschädigungsbehörde, Albert Delis, Bl. 32

133 Hessisches Staatsarchiv Marburg Best. 180 LA Marburg Nr. 4331

134 Hessisches Staatsarchiv Marburg Best. 180 LA Gelnhausen Nr. 4391: Das Schreiben wurde von der Staatlichen Kriminalpolizei, Kriminalpolizeileitstelle am 29. Dezember 1941 an die Landräte mit der Bitte um Kenntnisnahme und Verbleib übersandt.

135 Konrektor Hedderich an Dr. Angersbach, 27. August 1957, Archiv des Landesverbandes, Einzelfälle

136 Siehe zu Ritter: J. S. Hohmann: R. Ritter, 1991

137 Robert Ritter, Arbeitsbericht (Jahreswende 1939/40) S. 2, Bundesarchiv R 73/14005

138 Robert Ritter an Sergius Breuer, 20. Januar 1940, Bundesarchiv R 73/14005

139 Protokoll Kongreß Berlin 1935

140 R. Ritter, Arbeitsbericht, Bundesarchiv R 73 Nr. 14005

141 R. Ritter, Arbeitsbericht (1939/40), Bundesarchiv R 73 Nr. 14005

142 Bundesarchiv R 165 Nr. 45; siehe auch M. Zimmermann: Verfolgt, vertrieben, vernichtet, S. 33

143 R. Ritter, Bericht vom 5.11.1942, Bundesarchiv R 73 Nr. 14005

144 M. Zimmermann: Verfolgt, vertrieben, vernichtet, S. 35

145 Zit. nach: D. Kenrick/G. Puxon: Sinti und Roma im NS-Staat, 1981, S. 73

146 Zit. nach: D. Kenrick/G. Puxon: Sinti und Roma im NS-Staat, 1981, S. 73

147 J. S. Hohmann: R. Ritter, S. 419

148 Bundesarchiv R 22, Nr. 5029, Bl. 54f-56, siehe auch R. Hilberg: Die Vernichtung der europäischen Juden, Berlin 1982, S. 318

149 Hessisches Hauptstaatsarchiv Wiesbaden Abt. 410 Nr. 489, Bl. 27-29 u. Bl. 30-31rs; siehe auch Fotokopie in ebd. Abt. 663 Nr. 401; siehe auch H. J. Döring: Die Zigeuner, S. 214-218

150 Zit. bei J. S. Hohmann: R. Ritter, 1991, S. 75-77

151 Erlass des Reichsministers des Innern vom 26. Januar 1943, betr. »Feststellung, dass die in ein Konzentrationslager einzuweisenden zigeunerischen Personen volks- und staatsfeindlich bzw. reichsfeindlich gewesen sind.« Erlasssammlung des Reichskriminalpolizeiamtes Berlin – Vorbeugende Verbrechensbekämpfung. Institut für Zeitgeschichte München Dc 17.02., zit. nach W. Wippermann: Leben in Frankfurt, Band 2, S. 115

152 Reichsanzeiger und Preußischer Staatsanzeiger 1943: Beispiel Nr. 102. Berlin

153 Magistrat der Stadt Hanau, Eidesstattliche Versicherung Albert Delis, 15. Mai 1950, RP Darmstadt, Entschädigungsbehörde, Albert Delis, Bl. 30;

die Angaben zur Wohnung wurden von Pauline Heilig als Vermieterin und Helene Stichel, Nachbarin, bestätigt. Magistrat der Stadt Hanau, Rechtsamt, Urkundenregister 213, Eidesstattliche Versicherungen, 24. August 1950, RP Darmstadt, Entschädigungsbehörde, Albert Delis, Bl. 45f.

154 Siehe z.B. die Schlagzeile des Hanauer Anzeigers, 27. Mai 1938: *Der Volkswagen – Preiswunder.* Es heißt dann in der Unterzeile: *Der Volkswagen heißt »KdF-Wagen« und kostet nur 990 Mark.*

155 Kommando der Schutzpolizei, Vernehmung 16. November 1959 (Beglaubigte Abschrift), RP Darmstadt, Entschädigungsbehörde, Philipp Delis, Bl. 59; ähnliche Angaben von Josef Reinhardt (Jg.1928), ebd. Bl. 60, Josef Delis (Jg.1922, Neffe), Bl. 61: er nannte die Baufirma Fey.

156 Kommando der Schutzpolizei, Vernehmung 12. November 1959 (Beglaubigte Abschrift), RP Darmstadt, Entschädigungsbehörde, Philipp Delis, Bl. 58

157 Oberbürgermeister, Einwohnermeldeamt, Hanau: Bescheinigung, 4. März 1959, RP Darmstadt, Entschädigungsbehörde, Barbara Delis, Bl.14

158 Erklärung von Willi Winter vom 7. Mai 1958 (Kopie), Reg.Präs. Darmstadt, Entschädigungsbehörde, Adolf Winter, Bl. 2f.; die Kopien auch bei Berta Winter (1928) Friedrich Winter (1935) Johann Winter (1892): Original Bl. 10f.

159 Magistrat der Stadt Hanau, Eidesstattliche Versicherung Albert Delis, 15. Mai 1950, RP Darmstadt, Entschädigungsbehörde, Albert Delis, Bl. 30; die Angaben zur Wohnung wurden von Pauline Heilig als Vermieterin und Helene Stichel, Nachbarin, bestätigt. Magistrat der Stadt Hanau, Rechtsamt, Urkundenregister 213, Eidesstattliche Versicherungen, 24. August 1950, RP Darmstadt, Entschädigungsbehörde, Albert Delis, Bl. 45f.

160 Fritz Stieglitz, Bescheinigung, 19. November 1948, RP Darmstadt, Entschädigungsbehörde, Albert Delis, Bl. 28

161 Polizeimeister Fritz Stieglitz: Bescheinigung, 26. Januar 1949, RP Darmstadt, Entschädigungsbehörde, Anton Delis, Bl. 16

162 Amtsgericht Hanau: Eidesstattliche Erklärung von Fritz Stieglitz, 16. Januar 1951 (Kopie), Archiv Landesverband, Einzelfälle

163 Magistrat der Stadt Hanau, Rechtsamt: Urkundenregister Nr. 558: Eidesstattliche Versicherung, 3. Juli 1951, RP Darmstadt, Entschädigungsbehörde, Anton Delis, Bl. 27; siehe auch Standesamt Hanau, Eidesstattliche Versicherung, 3. Juli 1951, ebd., Bl. 28

164 Gespräch mit Frau R., Hanau 2001

165 D. Czech, Kalendarium der Ereignisse im KZ Auschwitz-Birkenau. Reinbek 1989, S. 735

166 Buchenwald-Archiv Nr. 59

167 U. König, Sinti und Roma unter dem Nationalsozialismus. Bochum 1989, S. 130-133

168 Ebd. S. 838

169 I.R.O – International Tracing Service, Arolsen, Inhaftierungsbescheinigung, 7. Dezember 1950, RP Darmstadt, Entschädigungsbehörde, Josef Delis, Bl. 19

170 I.R.O – International Tracing Service, Arolsen, Inhaftierungsbescheinigung, 7. Dezember 1950, RP Darmstadt, Entschädigungsbehörde, Josef Delis, Bl. 19

171 Ebd. S. 451; Gedenkbuch, S. 394ff. u. 1034ff.

172 Erklärung von Willi Winter vom 7. Mai 1958 (Kopie), Reg.Präs. Darmstadt, Entschädigungsbehörde, Adolf Winter, Bl. 2f.; die Kopien auch bei Berta Winter (1928) Friedrich Winter (1935) Johann Winter (1892): Original Bl. 10f.

173 Amtsgericht Hanau UR I 210/50: Eidesstattliche Versicherung Albert Delis, 21. Mai 1951, RP Darmstadt, Einschädigungsbehörde, Albert Delis, Bl. 32

174 Magistrat der Stadt Hanau, Rechtsamt: Urkundenregister Nr. 558: Eidesstattliche Versicherung, 3. Juli 1951, RP Darmstadt, Entschädigungsbehörde, Anton Delis, Bl. 27; siehe auch Standesamt Hanau, Ei-

desstattliche Versicherung, 3. Juli 1951, ebd., Bl. 28. Hier heißt es zum Schreiben: »*Der Dachdecker Anton Delis geboren am 9. 5. 1920 ist am 20. 9. 1943 erschossen worden.*« Die Bescheinigung sei ihr im KZ Ravensbrück abgenommen worden.

175 Gespräch mit Amanda M., Marburg 2001

176 Arztbericht 1964, Archiv Landesverband, Einzelfälle

177 Aus: RA Dr. Angersbach, Offenbach, an RP Wiesbaden, 16. November 1965 (Kopie), RP Darmstadt, Entschädigungsbehörde, Katharina Delis, Bl. 49

178 1. Entschädigungskammer beim Landgericht Wiesbaden: Delis gegen Land Hessen, Aussage Jakob Delis, 9. Dezember 1953, RP Darmstadt, Entschädigungsbehörde, Jakob Delis, Bl. 5

179 Hanau, Standesamt: Beglaubigte Abschriften zweier Schreiben aus dem KZ Lublin, 14. August 1957, RP Darmstadt, Entschädigungsbehörde, Katharina Delis, Bl. 22

180 Hanau, Standesamt: Beglaubigte Abschriften zweier Schreiben aus dem KZ Lublin, 14. August 1957, RP Darmstadt, Entschädigungsbehörde, Katharina Delis, Bl. 22

181 Erklärung von Willi Winter vom 7. Mai 1958 (Kopie), Reg.Präs. Darmstadt, Entschädigungsbehörde, Adolf Winter, Bl. 2f.; die Kopien auch bei Berta Winter (1928), Friedrich Winter (1935), Johann Winter (1892): Original Bl. 10f.

182 Hj. Riechert, Im Schatten von Auschwitz, S. 135

183 Gespräch mit Frau W. (Name geändert), 2001

184 Gesundheitsamt Hanau: Amtsärztliche Bescheinigung, 6. März 1950, RP Darmstadt, Entschädigungsbehörde, Albert Delis, Bl. 36

185 Der Name ist geändert. Unterlagen wie die Kopie der Eidesstattlichen Versicherung vom 5. Juni 1950, Hanau Urkundenregister Nr. 82, befinden sich im Archiv des Landesverbandes, Einzelfälle.

186 Der Name wurde geändert.

187 Magistrat der Stadt Hanau, Urkundenregister, Eidesstattliche Erklärung vom 19. Juli 1950, RP Darmstadt, Entschädigungsbehörde, Juliane R., Bl. 62

188 Aus: Regierungspräsident Wiesbaden: Bescheid Wiedergutmachung Juliane R., 29. September 1950 (Entwurf), RP Darmstadt, Entschädigungsbehörde, Juliane R., Bl. 75ff.

189 Regierungspräsident Wiesbaden: Bescheid Entschädigung Rente Juliane R., 12. Oktober 1950, RP Darmstadt, Entschädigungsbehörde, Juliane R., Bl. 77f.

190 Amtsgericht Hanau, Aussage des Karl Roth, 27. Sept. 1951 (Durchschlag), RP Darmstadt, Entschädigungsbehörde, Juliane R., Bl. 93

Besuchte Archive

Bundesarchiv, verschiedene Abteilungen

Hessisches Hauptstaatsarchiv Wiesbaden

Hessisches Staatsarchiv Marburg

Hessisches Staatsarchiv Darmstadt

Nordrhein-Westfälisches Staatsarchiv Detmold

Nordrhein-Westfälisches Staatsarchiv Münster

Landesarchiv Berlin

Buchenwaldarchiv

Stadtarchiv Hanau

Bildstelle Hanau

Archiv des Verbandes Deutscher Sinti und Roma, Landesverband Hessen, Darmstadt

RP Darmstadt, Entschädigungsbehörde

Benutzte Literatur

Ayaß, Wolfgang: »Asoziale« im Nationalsozialismus. Stuttgart 1992

Bonillo, Marion: Die »Zigeunerpolitik« im Deutschen Reich 1871-1918. Frankfurt am Main u.a. 2001

Bracher, Karl Dietrich/Funke, Manfred/Jacobsen, Hans-Adolf (Hg.): Deutschland 1933-1945. Neue Studien zur nationalsozialistischen Herrschaft. Bonn 1992

Buchheim, Hans/Broszat, Martin/Jacobsen, Hans-Adolf/Krausnick, Helmut: Anatomie des SS-Staates. München [6]1994

Czech, Danuta: Kalendarium der Ereignisse im Konzentrationslager Auschwitz-Birkenau 1939-1945. Reinbek 1989

DER SPIEGEL: Zigeuner. So arisch. Nr. 17, 1963, S. 45-52

DER SPIEGEL: Bei Hitler waren wir wenigstens Deutsche. Nr. 43, 1979, S. 97-112

DER SPIEGEL: »Warum diese Duldsamkeit?« Nr. 43, 1979, S. 112-126

Döring, Hans-Joachim: Die Zigeuner im nationalsozialistischen Staat. Hamburg 1964

Engbring-Romang, Udo: Fulda. Auschwitz. Zur Verfolgung der Sinti in Fulda. Darmstadt 1996 (HORNHAUT AUF DER SEELE BAND 3)

Engbring-Romang, Udo: Wiesbaden. Auschwitz. Die Verfolgung der Sinti in Wiesbaden. Darmstadt 1997 (HORNHAUT AUF DER SEELE BAND 2)

Engbring-Romang, Udo: Marburg. Auschwitz. Zur Verfolgung der Sinti in Marburg und Umgebung. Frankfurt am Main 1998 (HORNHAUT AUF DER SEELE BAND 5)

Engbring-Romang, Udo: Sinti in Marburg. Zwischen Betreuung als Verfolgte des Nationalsozialismus und fortgesetzter Diskriminierung. In: B. Hafeneger/W. Schäfer (Hg.): Marburg in den Nachkriegsjahren. Marburg 1998, S. 139-161

Engbring-Romang, Udo: Die Verfolgung der Sinti und Roma in Hessen zwischen 1870 und 1950. Frankfurt am Main 2001

Engbring-Romang, Udo: Bad Hersfeld. Auschwitz. Zur Verfolgung der Sinti im Kreis Hersfeld-Rotenburg. Frankfurt am Main 2002 (HORNHAUT AUF DER SEELE BAND 6)

Engbring-Romang, Udo/Strauß, Daniel (Hg.): Aufklärung und Antiziganismus. Marburg 2002

Fings, Karola/Sparing, Frank: »z. Zt. Zigeunerlager«. Die Verfolgung der Düsseldorfer Sinti und Roma im Nationalsozialismus. Köln 1991

Fings, Karola/Sparing, Frank: Vertuscht, verleugnet, versteckt. Akten zur NS-Verfolgung von Sinti und Roma. In: Besatzung und Bündnis. Deutsche Herrschaftsstrategien in Ost- und Südosteuropa. Berlin/Göttingen 1995, S. 181-201 (Beiträge zur nationalsozialistischen Gesundheits- und Sozialpolitik: 12)

Flämig, Gerhard: Hanau im Dritten Reich. Bde I-III. Hanau [2]1988, 1987, 1991

Friedlander, Henry: Der Weg zum NS-Genozid. Von der Euthanasie zur Endlösung. Darmstadt 1997

Gedenkbuch. Die Sinti und Roma im Konzentrationslager Auschwitz-Birkenau, herausgegeben von der Gedenkstätte Staatliches Museum Auschwitz in Zusammenarbeit mit dem Dokumentations- und Kulturzentrum Deutscher Sinti und Roma. München 1993

Giere, Jacqueline (Hg.): Die gesellschaftliche Konstruktion des Zigeuners. Zur Genese eines Vorurteils. Frankfurt am Main 1996

Gilsenbach, Reimar: Weltchronik der Zigeuner, Teil 1: Von den Anfängen bis 1599. Frankfurt am Main 1994

Heimatgeschichtlicher Wegweiser zu Stätten des Widerstands und der Verfolgung. Herausgegeben vom Studienkreis Deutscher Widerstand, Band 1, Frankfurt am Main 1995

Herbst, Ludolf: Das nationalsozialistische Deutschland 1933-1945. Die Entfesselung der Gewalt: Rassismus und Krieg. Darmstadt 1997

Hessen hinter Stacheldraht. Verdrängt und vergessen: KZs, Lager, Außenkommandos. Hg. DIE GRÜNEN im Landtag (Hessen)/Lothar Bembenek/Frank Schwalba-Hoth. Frankfurt am Main 1984

Heuß, Herbert: Darmstadt. Auschwitz. Die Verfolgung der Sinti in Darmstadt. Darmstadt 1995 (HORNHAUT AUF DER SEELE BAND 1)

Heuß, Herbert: Die Verfolgung der Sinti in Mainz und Rheinhessen. 1933-1945. Landau 1996

Heuß, Herbert: Der Arbeitsbegriff, unveröffentlichtes Manuskript 1999

Hilberg, Raul: Die Vernichtung der europäischen Juden. Die Gesamtgeschichte des Holocaust. Frankfurt am Main 1994

Hohmann, Joachim S.: Geschichte der Zigeunerverfolgung, Frankfurt am Main 1989

Hohmann, Joachim S.: Robert Ritter und die Erben der Kriminalbiologie. »Zigeunerforschung« im Nationalsozialismus und in Westdeutschland im Zeichen des Rassismus. Frankfurt am Main u.a. 1991 (=Studien zur Tsiganologie und Folkloristik Band 4)

Höhne, Werner K.: Die Vereinbarkeit der deutschen Zigeunergesetze und -verordnungen mit dem Reichsrecht, insbesondere der Reichsverfassung. Diss. Heidelberg 1930

Hund, Wulf D. (Hg.): Zigeuner. Geschichte und Struktur einer rassistischen Konstruktion. Duisburg 1996

Kenrick, Donald/Puxon, Grattan: Sinti und Roma – die Vernichtung eines Volkes im NS-Staat. Göttingen 1981

Klein, Thomas (Hg.): Die Lageberichte der Geheimen Staatspolizei über die Provinz Hessen-Nassau 1933-1936, Marburg 1986 (Veröffentlichungen aus dem Archiv Preußischer Kulturbesitz, 22)

Klein, Thomas: Die Hessen als Reichstagswähler. Tabellenwerk zur politischen Landesgeschichte 1867-1933. Zweiter Band: Provinz Hessen-Nassau und Waldeck-Pyrmont 1919-1933 unter Mitwirkung von Thomas Weidemann bearbeitet und eingeleitet von Friedhelm Krause. 1. Teilband: Regierungsbezirk Kassel und Waldeck-Pyrmont. Marburg 1992 (Veröffentlichungen der Historischen Kommission für Hessen, 51)

Knigge, Renate/Ulrich, Axel (Hg.): Verfolgung und Widerstand in Hessen 1933-1945. Frankfurt am Main 1996

Kogon, Eugen: Der SS-Staat. Das System der deutschen Konzentrationslager. München [28]1994

König, Ulrich: Sinti und Roma unter dem Nationalsozialismus. Verfolgung und Widerstand. Bochum 1989

Krausnick, Michail: Abfahrt Karlsruhe 16.5.1940, Karlsruhe1991

Krausnick, Michail: Wo sind sie hingekommen? Der unterschlagene Völkermord an den Sinti und Roma. Gerlingen 1995

Langbein, Hermann: Der Auschwitz-Prozeß: eine Dokumentation. Frankfurt am Main 1995

Langbein, Hermann: Menschen in Auschwitz. Wien/München 1996

Longerich, Peter: Politik der Vernichtung. Eine Gesamtdarstellung der nationalsozialistischen Judenverfolgung. München 1998

Meister, Johannes: Die »Zigeunerkinder« der St. Josefspflege in Mulfingen, 1999. Zeitschrift für Sozialgeschichte des 20. und 21. Jahrhunderts 2/1987

Milton, Sibyl: Vorstufe zur Vernichtung. Die Zigeunerlager nach 1933. Vierteljahresschrift für Zeitgeschichte 1/1995, S. 115-130

Müller-Hill, Benno: Tödliche Wissenschaft. Die Aussonderung von Juden, Zigeunern und Geisteskranken. Reinbek 1984

Opfermann, Ulrich Friedrich: »Daß sie den Zigeuner-Habit ablegen.« Die Geschichte der Zigeuner-Kolonien zwischen Wittgenstein und Westerwald. Frankfurt am Main u.a. 1997 (Studien zur Tsiganologie und Folkloristik, Band 17)

Pfeifer, Monika Ilona/Kingreen, Monica: Hanauer Juden 1933-1945. Entrechtung, Verfolgung, Deportation. Herausgeber: Evangelischer Arbeitskreis »Christen – Juden« Hanau. Hanau 1998

Quellen zu Widerstand und Verfolgung unter der NS-Diktatur in hessischen Archiven. Übersicht über die Bestände in Archiven und Dokumentationsstellen. Bearbeitet von H. Bauch, V. Eichler, U. Eisenbach, R. Engelke, W. Form. Wiesbaden 1995. (Veröffentlichungen der Historischen Kommission für Nassau 57)

Rechtsprechung zur Wiedergutmachung 1949-1981

Reemtsma, Katrin: Sinti und Roma. Geschichte, Kultur, Gegenwart. München 1996

Reich, Hermann: Das bayerische Zigeuner- und Arbeitsscheuengesetz. Juristische Rundschau 2, 1926, S. 834ff.

Reichsanzeiger und preußischer Staatsanzeiger

Reichsgesetzblatt (RGBl)

Riechert, Hansjörg: Im Gleichschritt... Sinti und Roma in Feldgrau. Militärgeschichtliche Mitteilungen 53, 1994, S. 377-397

Riechert, Hansjörg: Im Schatten von Auschwitz. Die nationalsozialistische Sterilisationspolitik gegen Sinti und Roma. Münster/New York 1995

Riedesel, K.E.: Die Ministerialanweisung vom 17.2.1906: »Zur Bekämpfung des Zigeunerunwesens«. Wittgenstein 77. Jg., 1989

Rose, Romani: Bürgerrechte für Sinti und Roma. Heidelberg 1987

Rose, Romani (Hg.): Der nationalsozialistische Völkermord an den Sinti und Roma. Heidelberg 1995

Rose, Romani: »Den Rauch hatten wir täglich vor Augen.« Heidelberg 1999

Rose, Romani/Weiss, Walter: Sinti und Roma im »Dritten Reich«: das Programm der Vernichtung durch Arbeit. Göttingen 1991

Rössger, Richard: Eine Untersuchung über den Gewerbebetrieb im Umherziehen. Jahrbücher für Nationalökonomie und Statistik III. Folge, 14. Band, 1897, S. 1ff. u. S. 204ff.

Sandner, Peter: Frankfurt. Auschwitz. Die nationalsozialistische Verfolgung der Sinti und Roma in Frankfurt am Main. Frankfurt am Main 1998 (HORNHAUT AUF DER SEELE BAND 4)

Seibert, W.: Nach Auschwitz wird alles besser. Die Roma und Sinti in Deutschland. Hamburg 1984

Smith, B./Petersen, A. (Hg.): Heinrich Himmler. Geheimreden 1933-1945. Frankfurt am Main u.a. 1974

Solms, Wilhelm: Was ist Antiziganismus? In: Newsletter zur Geschichte und Wirkung des Holocaust Nr. 22, 2002, S. 26

Weingart, Peter/Kroll, Jürgen/Bayertz, Kurt: Rasse, Blut und Gene. Geschichte der Eugenik und Rassenhygiene in Deutschland. Frankfurt am Main 1988

Werle, Gerhard: Justiz-Strafrecht und polizeiliche Verbrechensbekämpfung im Dritten Reich, Berlin/New York 1989

Wiedergutmachung und Entschädigung für nationalsozialistisches Unrecht. Öffentliche Anhörung des Innenausschusses des Deutschen Bundestages am 24. Juni 1987. Bonn 1987

Wippermann, Wolfgang: Das Leben in Frankfurt zu NS-Zeit. Band 2: Nationalsozialistische Zigeunerverfolgung. Darstellung, Dokumente, didaktische Hinweise. Frankfurt am Main 1986

Wippermann, Wolfgang: Wie die Zigeuner. Antisemitismus und Antiziganismus im Vergleich. Berlin 1997

Zigeunerleben. Hrsg. v. Joachim S. Hohmann u. Roland Schopf. Darmstadt 1980

Zimmermann, Michael: Die nationalsozialistische Vernichtungspolitik gegen Sinti und Roma. Aus Politik und Zeitgeschichte B 16/17, 1987, S. 31-45

Zimmermann, Michael: Verfolgt, vertrieben, vernichtet. Essen 1989

Zimmermann, Michael: Rassenutopie und Genozid. Die nationalsozialistische »Lösung der Zigeunerfrage«. Hamburg 1996

Zülch, Tilman: Sinti und Roma in Deutschland. Geschichte einer verfolgten Minderheit. Aus Politik und Zeitgeschichte B 43, 1982, S. 27-43

»Hornhaut auf der Seele«

Dokumentationen der Verfolgung von Sinti und Roma in hessischen Städten und Gemeinden.
Herausgegeben von Adam Strauß
Verband Deutscher Sinti und Roma,
Landesverband Hessen

Band 1: Herbert Heuß
Darmstadt. Auschwitz. (vergriffen)

Band 2: Udo Engbring-Romang
Wiesbaden. Auschwitz. (vergriffen)

Band 3: Udo Engbring-Romang
Fulda. Auschwitz. (vergriffen)

Band 4: Peter Sandner
Frankfurt. Auschwitz.
Die nationalsozialistische Verfolgung der Sinti und Roma in Frankfurt am Main
Mit zahlreichen Bildern und Dokumenten
368 S., Pb., ISBN 3-86099-123-X
Sandner »verbindet sorgfältige Recherche mit analytischem Scharfblick und einer alles andere als scheinheiligen Sympathie für die Opfer: eine wissenschaftliche *Trauerarbeit* im besten Sinn!«. *(Publik-Forum)*

Band 5: Udo Engbring-Romang
Marburg. Auschwitz.
Zur Verfolgung der Sinti
in Marburg und Umgebung
Mit zahlreichen Bildern und Dokumenten
156 S., Pb., ISBN 3-86099-126-4

Band 6: Udo Engbring-Romang
Bad Hersfeld. Auschwitz.
Zur Verfolgung der Sinti
im Kreis Hersfeld-Rotenburg
Mit zahlreichen Bildern und Dokumenten
152 S., Pb., ISBN 3-86099-162-0
Engbring-Romang zeichnet den Antiziganismus vor 1933 nach, macht andererseits aber auch deutlich, wie sich der Bruch der Nazis mit allen rechtstaatlichen Konzeptionen auf die in der preußischen Provinz Hessen lebenden Sinti und Roma auswirkte.

Udo Engbring-Romang
Die Verfolgung der Sinti und Roma in Hessen zwischen 1870 und 1950

Hrsg. von Adam Strauß
Verband deutscher Sinti und Roma,
Landesverband Hessen
512 S., Pb., ISBN 3-86099-225-2

»... eine umfassend recherchierte, gut lesbare Dokumentation der Verfolgung.«
(Frankfurter Rundschau)
» ... darf in keiner öffentlichen Bibliothek und auch in keiner Schulbibliothek fehlen...« (*Nassauische Annalen*)
»Dieses Buch gibt der Bevölkerung die Möglichkeit, sich mit dem Thema auseinander zu setzen und dabei Vorurteile abzubauen.« (*Prof. Wilhelm Solms*)

Anna Mettbach/Josef Behringer
»Wer wird die nächste sein?«
Die Leidensgeschichte einer Sintezza,
die Auschwitz überlebte
»Ich will doch nur Gerechtigkeit«:
Wie den Sinti und Roma nach 1945
der Rechtsanspruch auf Entschädigung
versagt wurde.
128 S., Pb., ISBN 3-86099-163-9
Anna Mettbach wird als Sintezza nach Auschwitz deportiert, zur Zwangsarbeit für Siemens verschleppt und auf den Todesmarsch in das KZ Dachau getrieben. Sie überlebte und berichtet mehr als fünfzig Jahre später.
Ihre Leidensgeschichte ist 1945 nicht zu Ende: Jahrzehntelang kämpft sie um Entschädigung. Josef Behringer zeichnet exemplarisch die Verschleppungsstrategien gegenüber ihren Ansprüchen nach.

Gesamtverzeichnis anfordern:
Brandes & Apsel Verlag
Scheidswaldstr. 33
D-60385 Frankfurt am Main
www.brandes-apsel-verlag.de